Čeština hrou
Pracovní sešit
Czech for Fun
Workbook

Susan Kresin
University of California, Los Angeles

Hope Subak-Sharpe
University of California, Berkeley

Filip Kašpar

The McGraw-Hill Companies, Inc.
Primis Custom Publishing

*New York St. Louis San Francisco Auckland
Bogotá Caracas Lisbon London Madrid
Mexico Milan Montreal New Delhi Paris
San Juan Singapore Sydney Tokyo Toronto*

McGraw·Hill
A Division of The McGraw·Hill Companies

Čeština hrou: Pracovní Sešit
Czech for Fun Workbook

3 4 5 6 7 8 9 0 HAM HAM 0 9 8 7 6 5 4 3 2 1 0

ISBN 0-07-035013-2

Editor: Lorna Adams
Front Cover and Title Page: Mostecká věž by Martin Sladký. Printed with permission of the artist.
Back Cover: Pražské věže by Martin Sladký. Printed with permission of the artist.
Printer/Binder: HAMCO/NETPUBCorporation

První lekce, první část
Lesson 1, Part 1

(1.1) *Dobrý den* nebo *Ahoj*? "Hello" or "Hi"?
To whom would you say *Dobrý den* and to whom *Ahoj*?

	Dobrý den	Ahoj
1. The Czech writer Milan Kundera	X	
2. The Czech actor Zdeněk Svěrák		
3. The Czech filmmaker Věra Chytilová		
4. Your friend Milan		
5. Your friend Milan's parents		
6. Your friend Milan's five-year-old son		
7. Your grandmother, if she were Czech		
8. Your friend's grandmother		
9. The Czech writer Ivan Klíma		
10. Your classmate Ivana		
11. Your classmate's twelve-year-old sister		
12. Your classmate's mother		

(1.2) *Dobrý den* nebo *Ahoj*?
Read the following dialogues with introductions and fill in *Dobrý den* or *Ahoj*, depending on whether the setting is formal or informal. For each, identify the type of context (formal or informal) and the words or forms of the names that indicate the type of context to you.

1. Miroslava Benešová a Jaromír Navrátil.

Miroslava Benešová: _____! Já jsem Miroslava Benešová.

Jaromír Navrátil: _____! Já jsem Jaromír Navrátil.

Paní Benešová: Těší mě, pane Navrátile.

Pan Navrátil: Mě také, paní Benešová.

Type of context:

Exercise (1.2) continues on the next page.

Exercise (1.2), continued

2. Hanka a Zuzana

Hanka: _____! Já jsem Hanka.

Zuzana: _____! Já jsem Zuzana. Jsi studentka?

Hanka: Ano, a ty?

Zuzana: Taky.

Type of context:

3. Karel Malina a Marie Hartman

Karel Malina: _____! Já jsem Karel Malina.

Marie Hartman: Těší mě. Já jsem Marie Hartmanová. Jste Čech?

Karel Malina: Ne, nejsem Čech, jsem Američan.

Type of context:

(1.3) *Na shledanou* nebo *Ahoj*? "Goodbye" or "Bye"?
Read the following conversations and fill in *Na shledanou* or *Ahoj*. Indicate the type of context, either formal or informal.

1. -Dobrý den! Prosím vás, je tady paní Vytlačilová?

   -Paní Vytlačilová tady není. Dnes je doma.

   -Děkuji.

   -Prosím.

   -_____!

   -_____!

   Type of context:

2. -Halo.

   -Ahoj! Tady je Božena. Je Ivana doma?

   -Ne, není. Je na hodině češtiny.

   -Škoda. Tak děkuju.

   -Není zač. Tak _____!

   -_____!

   Type of context:

Exercise (1.3) continues on the next page.

(1.3), continued

Na shledanou nebo *Ahoj*? "Goodbye" or "Bye"?

3. -Ahoj! Já jsem Vít.

    -Těší mě. Já jsem Marta. Jsi Čech?

    -Ano, jsem český student. A ty? Jsi taky Češka?

    -Ne, nejsem Češka, jsem Američanka. Jsem americká studentka.

    -Tak _____!

    -_____!

Type of context:

(1.4) Fill in the blanks with forms of the verb *být* "to be".
A. Kde jsou? Where are they?

1. Já _____ tady.

2. Ty _____ taky tady.

3. Miloš _____ doma.

4. My _____ tady.

5. Vy _____ na hodině češtiny. (in Czech class)

6. Marta a Vojtěch _____ doma.

B. Kdo jsou? Who are they?

1. Já _____ Čech.

2. Vy _____ učitelka.

3. Ty _____ Američanka.

4. Jaroslav Holub _____ profesor.

5. My _____ studenti. (students)

6. Marcela _____ Češka.

7. Aleš a Lucka _____ studenti.

8. Já _____.
                            (your nationality)

(1.5) Read the dialogues and fill in forms of the verb *být* "to be".

1. -Dobrý den. Já _____ Martin Kraus.

    -Těší mě. Já _____ Alena Horáčková. _____ Čech?

    -Ne, _____ Američan. A vy?

    -_____ Češka.

Exercise (1.5) continues on the next page.

(1.5), continued. Read the dialogues and fill in forms of the verb *být* "to be".

2. -Ahoj! Já _____ Lukáš.

    -Těší mě. Já _____ Katka. _____ Čech?

    -Ano, _____ český student. A ty? _____ taky Češka?

    -Ne, nejsem Češka, _____ Američanka.

        _____ americká studentka.

3. -Kdo to _____?

    -To _____ Václav Toman a to _____ Věra Tomanová.

        Věra _____ učitelka, ale Václav _____ ještě student.

4. -Ahoj! Já _____ Jana.

    -A já _____ Lucka.

    -Ahoj! Já _____ Šárka. Vy _____ studentky?

    -Ano, my _____ studentky. A ty? _____ studentka?

    -Ano, _____ studentka.

(1.6) *Čech* nebo *Češka*, *Američan* nebo *Američanka*?
Write sentences choosing a form of the nationality to fit the person's gender.
Vzor (model): Pepík (Čech, Češka) → Pepík je Čech.

1. Milan (Čech, Češka) _____

2. Jarmila (Čech, Češka) _____

3. Luke (Američan, Američanka) _____

4. Lucy (Američan, Američanka) _____

5. Božena (Moravan, Moravanka) _____

6. Karel (Kanaďan, Kanaďanka) _____

7. Vladimír (Slovák, Slovenka) _____

8. Marie (Kanaďan, Kanaďanka) _____

(1.7) Identify the following people, using the adjectives and professions given in parentheses. Be sure to adjust the form of the adjective when necessary.

Vzor (model): Eva (moravský, studentka). → Eva je moravská studentka.

1. Hynek (moravský, student) _____

2. Ilona (polský, učitelka) _____

3. Petr (ruský, učitel) _____

4. Anna (ruský, spisovatelka - writer) _____

5. Vladimír (slovenský, student) _____

6. Dagmar (slovenský, spisovatelka) _____

(1.8) *Být* a *nebýt*. Fill in the blanks, first with positive and then with negative forms of the verb "to be".

Vzor (model): Já *jsem* doma, *nejsem* na hodině češtiny.
        I'm at home. I'm not at Czech class.

1. Vy _____ student, _____ profesor.

2. Já _____ Moravanka, _____ Češka.

3. My _____ na hodině češtiny, _____ doma.

4. Václav Havel _____ prezident a spisovatel, _____ profesor.

5. Ty _____ doma, _____ tady.

6. Filip a Věra _____ doma, _____ tady.

7. Milan Kundera _____.

8. Já (something about yourself) _____.

(1.9) Eva není Češka, je Moravanka.
Say the following people aren't Czech. Each has the nationality given in parentheses.

Vzor (model): Je Eva Češka? (Moravanka) → Není Češka, je Moravanka.
        Je Jan Čech? (Polák) → Není Čech, je Polák.

1. Je Hynek Čech? (Moravan) _____

2. Je Ilona Češka? (Polka) _____

3. Je Petr Čech? (Rus) _____

4. Je Anna Češka? (Ruska) _____

(1.10) Kdo jste?

A. Answer the questions negatively. Then add a sentence using the information in parentheses.

Vzor (model): Jste Čech? (Američan)

           → Nejsem Čech. Jsem Američan.

1. Jste Češka? (Američanka) _____

2. Jste Moravan? (Slovák) _____

3. Je Martin Kanaďan? (Čech) _____

4. Je Marie Kanaďanka? (Češka) _____

B. Answer the questions in full sentences. If the answer is "no", give the correct information.

Vzor (model): Jste Robin?

           → Nejsem Robin. Jsem (your name).

1. Jste Robin? _____

2. Jste Čech/Češka? _____

3. Jste profesor/profesorka? _____

4. Jste český student/česká studentka? _____

(1.11) Read the following dialogues and fill in negative forms of the verb *být* "to be".

1. -Prosím vás, _____ pan Hill?

   -Ano, jsem. A vy jste asi pan Novák.

   -Ano. Těší mě.

   -Mě také.

2. -Dobrý den! Já jsem Tomáš Leden.

   -Těší mě. Já jsem Andrea Dubčeková. Jste Čech?

   -Ne, _____ Čech, jsem Američan. A vy?

      Jste Češka nebo Američanka?

   -_____ Češka a _____ Američanka.

      Jsem Slovenka.

Exercise (1.11) continues on the next page.

Exercise (1.11), continued. Fill in negative forms of the verb *být* "to be".

3. -Ahoj! Já jsem Eva.

-A já jsem Věra.

-Ahoj! Já jsem Hana. Vy jste studentky? (students, feminine)

-Ne. _____ studentky. Věra je profesorka a já jsem spisovatelka.

4. -Prosím vás, je tady pán Vaculík?

-_____. Dnes je doma.

-Děkuji.

-Prosím.

(1.12) On a separate sheet of paper write 10 sentences combining words from each column.
Vzor (model): Václav Havel je český prezident; není americký sportovec.

Names	*Verb*	*Adjectives*	*Nouns*
Václav Havel	je	český	prezident/ka
Ivan Klíma	není	americký	student/ka
Božena Němcová		kanadský	profesor/ka
Václav Klaus			premiér/ka
Toni Morrisonová			učitel/ka
Bill Clinton			spisovatel/ka
Ivan Lendl			sportovec/sportovkyně
Milan Kundera			
Martina Navrátilová			
Ray Davies			
Philip Roth			
Carl Lewis			
2 people of your choice			

(1.13) Czech names. Match up the Czech names and their English counterparts.

1. ____ Aleš	a. Jane		
2. ____ Anna	b. Peter		
3. ____ Helena	c. Andrew		
4. ____ Petr	d. John		
5. ____ Pavel	e. Adalbert		
6. ____ Ondře	f. Susan		
7. ____ Jindřich	g. Alex		
8. ____ Jan	h. Charles		
9. ____ Zuzana	i. Mary		
10. ____ Lukáš	j. Stanley		
11. ____ Jana	k. Thomas		
12. ____ Josef	l. Anne		
13. ____ Anežka	m. Paul		
14. ____ Karel	n. Joseph		
15. ____ Tomáš	o. Helen		
16. ____ Vojtěch	p. Henry		
17. ____ Marie —	q. Agnes		
18. ____ Stanislav	r. Luke		

(1.14) Czech nicknames. Match the Czech names and their nicknames

1. ____ Hana	a. Jirka
2. ____ Josef	b. Jarka
3. ____ Anna	c. Hanka
4. ____ Jarmila	d. Maňa, Mařenka
5. ____ Marie	e. Pepík
6. ____ Stanislav	f. Míla
7. ____ Jan	g. Standa
8. ____ Jiří	h. Andulka
9. ____ Ludmila	i. Honza

(1.15) Can you recognize these English words that have been borrowed in Czech? Write the English equivalents.

1. televize _____	6. sandály _____
2. telefon _____	7. tenisky _____
3. kazeta _____	8. džínsy _____
4. cédéčko _____	9. kokršpaněl _____
5. svetr _____	10. pudl _____

První lekce, druhá část
Lesson 1, Part 2

(1.16) Using the vocabulary list at the end of Chapter 1, make lists in Czech of the following things or types of people.

1. People you would find at a university _____

2. Types of books _____

3. Things that you need to write (pencil, notebook...) _____

_____

4. Things that you find in a classroom _____

_____

(1.17) Všechno je jinde. Everything is somewhere else. Say that everything is in the opposite place.

      tady "here" <---> tam "there"
      nalevo "to the left" <---> napravo "to the right"
      vepředu "to the front" <---> vzadu "in the back"
      nahoře "above" <---> dole "below"

Vzor (model): Je obraz nalevo? → Není nalevo, je napravo.
               Is the picture on the left? → It isn't on the left. It's on the right.

1. Je lampa nahoře?_____

2. Je psací stůl vepředu?_____

3. Je počítač tady?_____

4. Je slovník napravo? _____

5. Je okno dole?_____

6. Je profesorka tam?_____

7. Je tabule vzadu? _____

8. Je židle nalevo? _____

9. Jsou klíče nahoře? (keys) _____

10. Jsou studenti tady? (students) _____

(1.18) Which of these things could be described as *velký*? As *velká*? As *velké*?
Which are *malý*? Which are *malá*? Which are *malé*?
Vzory (models): Tužka je malá. Mapa je velká.

1. kniha _____

2. okno _____

3. počítač _____

4. slovník _____

5. tabule _____

6. americký stát Rhode Island _____

7. Rusko (Russia) _____

8. město New York (city) _____

9. Česká republika _____

(1.19) What does Alena have in her room?
List 10 things that she has, matching adjectives and nouns in the singular. Be sure to put the
adjectives in the right form for the gender of the noun.
Vzor (model): nová tužka

Adjectives		*Nouns*	
nový	starý	batoh	papír
malý	velký	sešit	slovník
bílý	modrý	učebnice	počítač
americký		pero	televize
another color		tužka	psací stůl
another nationality		kniha	okno

1. _____   2. _____

3. _____   4. _____

5. _____   6. _____

7. _____   8. _____

9. _____   10. _____

(1.20) List 6 things that you have, using an adjective with each. Keep to singular forms for now. Suggestions: classroom objects, televize (feminine), telefon, pes (dog), kočka (cat)

1. _____   2. _____

3. _____   4. _____

5. _____   6. _____

(1.21) Příjmení. Last names.
A. Make feminine last names.

1. pan Novák,   paní _____

2. pan Tůma,   paní _____

3. pan Moravec,   paní _____

4. pan Malý,   paní _____

5. pan Horáček,   paní _____

6. pan Dvořák,   paní _____

7. pan Stránský,   paní _____

8. pan Procházka,   paní _____

B. Make masculine last names.

1. paní Havlová,   pan _____

2. paní Tomanová,   pan _____

3. paní Dvořáková,   pan _____

4. paní Horáková,   pan _____

5. paní Černá,   pan _____

6. paní Veselá,   pan _____

7. paní Procházková,   pan _____

8. paní Millerová,   pan _____

(1.22) Say that your things are different, using forms of the word *můj* and adjectives of your choice.

Vzory (models): Tvůj počítač je nový, ...
→ ..ale můj je starý.
Your computer is new, but mine is old.
Jeho lampa je černá, ...
→ ale moje je bílá.
His lamp is black, but mine is white.

1. Tvůj sešit je modrý, _____

2. Tvoje učebnice je stará, _____

3. Tvůj počítač je japonský, _____

4. Jejich mapa je velká, _____

5. Jeho slovník je malý, _____

6. Vaše televize je nová, _____

7. Její lampa je červená, _____

8. Tvůj stůl je čistý, _____

9. Jejich knihovna je malá, _____

+ 1 of your own:

10. _____

(1.23) Odpovídejte na otázky. Answer the questions.

Vzor (model): Jaké je vaše město? → Naše město je velké. Je špinavé, ale pěkné.
What is your city like? → Our city is big. It's dirty, but nice.

1. Jaké je vaše město?

   _____

2. Jaký je váš stát nebo provincie (province)?

   _____

3. Jaká je vaše univerzita?

   _____

4. Jaká je vaše třída? (classroom; where you have Czech class)

   _____

5. Jaký je váš počítač? (→ "my", rather than "our")

   _____

(1.24) Čí je to …?

A. Write 10 sentences matching the words from each column. Make sure that the gender of the possessive pronoun matches that of the object.

B. Translate the sentences you wrote into English.

Vzory (models):　　　　To je moje kniha.　　　　　　This is my book.

　　　　　　　　　　　Ne, to není moje kniha. Je to její.　No, it's not my book. It's hers.

To je	můj	pero
To není	tvůj	tužka
	jeho	sešit
	její	učebnice
	náš	okno
	váš	židle
	jejich	stůl
		slovník
		obraz

1. _____

_____

2. _____

_____

3. _____

_____

4. _____

_____

5. _____

_____

6. _____

_____

7. _____

_____

8. _____

_____

9. _____

_____

10. _____

_____

(1.25) Greet people with the following names.

Vzory (models): Katka → Ahoj, Katko!
pan Kocourek → Dobrý den, pane Kocourku!

1. Šárka _____

2. Anna _____

3. Jakub _____

4. Ludvík _____

5. Aleš _____

6. Honza _____

7. Petr _____

8. pan Mokroš _____

9. paní Mokrošová _____

10. pan Klíma _____

(1.26) Greet the following people, using the word *pan/paní* and the vocative case.
Vzor (model): your Czech professor → Dobrý den, pane profesore!

1. your Czech teacher _____

2. your doctor _____

+ 2 famous Czechs of your choice

_____

_____

(1.26) Review translation. Write Czech equivalents on a separate sheet of paper.
1. Excuse me, isn't this your key?
2. My key? Yes, it is. Thank you.
3. You're welcome.
4. Excuse me, aren't you Ivan Lendl?
5. Yes, I am.
6. I'm (your name). I'm an American student.
7. I'm glad to meet you.
8. I'm glad to meet you, too. Goodbye, Mr. Lendl.
9. Goodbye, (your name, vocative case).

(1.27) On a separate sheet of paper, write a dialogue in which you meet a famous Czech of your choice. As an opening line, pretend that he or she picked up something that you dropped and says, „Prosím vás, není to (váš klíč)?".

Supplementary section

Word study: Czech last names

The suffix *-ák* is often used to build words and names that refer to people. *Novák* and *Horák* are especially common last names. What do you think they might mean?

nový - new   Novák: _____

hora - mountain   Horák: _____

Diminutives

Diminutives are forms of nouns with certain suffixes added to them. You have already seen several of these suffixes added to Czech names to make last names. A common diminutive suffix is *-ek* for masculine nouns, *-ka* for feminine nouns, and *-ko* for neuter nouns. Sometimes there are vowel and consonant changes. Diminutives are used to indicate either small size or affection for something.

slovník → slovníček "little dictionary, gloss"
kniha → knížka "little book"
auto → autíčko "little car"
holka → holčička "little girl"
Jan → Honza, Honzík, Honzíček
knedlík → knedlíček "dumpling"
pivo → pivečko, pivko, pivčo "beer"

Likewise, some diminutives of surnames are common.

Horák → Horáček
Havel → Havlíček

These new names are completely distinct from the base names: Mr. Horák is not necessarily related to Mr. Horáček.

Take a look at a map of the Czech Republic. Why would you expect there to be many people with the names Horák and Horáček?

(1.28) Crossword puzzle

Across:
1. Czech name for the Czech Republic
2. Czech name for Moravia
3. Czech name for the capital of Bohemia
4. Czech name for the other half of the former Czechoslovakia

Down:
1. Czech name for Bohemia (specifically the Czech lands)
2. Czech name for the capital of Moravia
3. Czech name for the city where Pilsener Urquell beer is made.
4. Capital of 4 across

Druhá lekce, první část
Lesson 2, Part 1

(2.1) A. Match up cities and nationalities.

1. _____Paříž	a. To je slovenské město.
2. _____Madrid	b. To je anglické město.
3. _____Washington	c. To je německé město.
4. _____Praha	d. To je mexické město.
5. _____Bratislava	e. To je italské město.
6. _____Moskva	f. To je holandské město.
7. _____Varšava	g. To je španělské město.
8. _____Kyjev	h. To je americké město.
9. _____Londýn	i. To je polské město.
10. _____Berlín	j. To je francouzské město.
11. _____Řím	k. To je ukrajinské město.
12. _____Mexiko (country *or* city)	l. To je české město.
13. _____Toronto	m. To je ruské město.
14. _____Amsterodam	n. To je kanadské město.

B. Make pairs of cards for the above cities, one with a city name and the other with a sentence stating the corresponding nationality (as in the Part A).

(2.2) Kdo to je? Given the following names, decide what the person's nationality might be.
Vzor: Igor Stravinsky
→ Igor je ruské jméno, tak je to asi Rus.
    Igor is a Russian name, so this must be a Russian.
jméno - first name; příjmení - last name (both are neuter)

1. Ludvík Vaculík _____

2. Isabel Allendeová (Allende) _____

3. Helmut Kohl _____

4. Nataša Rostová (Rostova) _____

5. Helen Smithová _____

6. Paulo Marini _____

7. Lída Destinová _____

(2.3) Analyze the conjugation types in the verb conjugation section of Chapter 2 and answer the following questions.

1. If the *já* form ends in *-ám*, the *ty* form will end in _____ and the *oni* form will end in _____.

    Mám se dobře (já) ; ty se _____ dobře; oni se _____ dobře.

2. If the *já* form ends in *-ím*, the *ty* form will end in _____ and the *oni* form will end in _____, _____ or _____.

    Učím se (já); ty se _____; oni se _____.

    Rozumím (já); ty _____; oni _____.

3. If the infinitive ends in *-ovat*, the *já* form ends in *-uju* or *-uji*, the *ty* form will end in _____ and the *oni* form will end in _____ or _____.

    pracovat: já _____ or _____,

    ty _____, oni _____ or _____.

(2.4) Doplňte koncovky. Fill in the blanks with verb endings.

1. Informal dialogue.

-Ahoj, Mileno! Co teď děl_____? Pracuj_____ nebo studuj_____?

-Už nestuduj_____. Pracuj_____ jako učitelka. A co děl_____ ty?

-Studuj_____.

2. Formal dialogue.

- Dobrý den, Karle.

- Dobrý den, pane profesore.

- Co teď děl_____? Pracuj_____ nebo studuj_____?

- Už nestuduj_____. Pracuj_____ jako inženýr.

(2.5) Jak se to řekne česky? Give Czech equivalents.

1. -What is Honza doing? -He is reading.

_____

2. -What are you doing, Alena? -I'm writing.

_____

3. -Michal is talking and Katka is also (*také*) talking. -What are they doing? -They are talking.

_____

_____

4. -What is Marcela doing? -She is working. She is reading and writing.

_____

5. -What are Marcela and Bedřich doing? -They are working. They are reading and writing.

_____

6. What are you doing? (ty) Are you working? Are you reading? Are you writing?

_____

7. What do you do? (vy) Do you study? Do you work?

_____

8. -What do you do? (vy) Are you a student?

   -No. I'm not a student anymore ("I don't study anymore"). I work.

_____

_____

(2.6) Put the words in the correct order to build sentences.
Vzor: máš / se / jak
       → Jak se máš?

1. jak / máte / se? _____

2. máme / dobře /se _____

3. se / Ivana / dobře / má _____

4. špatně / mám / se _____

5. jmenuješ / se / jak? _____

6. ten pán / jak / se / jmenuje? _____

7. jmenuje / jak / se / ta paní? _____

8. ten pán / jmenuje / se / Karel Čapek _____

(2.7) You are visiting your Czech professor, paní Doležalová, at home. Write the missing parts of the following dialogues.

1. Greet Professor Doležalová and introduce your friend.

Vy: Dobrý večer. To je můj kamarád David.

Prof.: _____

2. Professor Doležalová introduces her husband (*manžel*).

Prof.: _____

Vy: _____

3. You introduce yourself to their daughter and ask what her name is. She is five years old.

Vy: _____

Máňa (holka, girl): _____

(2.8) Fill in the blanks in the dialogues.

1. -Je Martin učitel?

   -Ano, _____ jako učitel. (works)

   -A Věra je studentka?

   -Ano, _____. (she studies/she's a student)

   _____ anglicky. (she is learning)

2. -Michal a Anežka _____ rusky. (are studying)

   -Už _____ a _____? (read, write)

   -Ano, a také _____ docela dobře. (speak)

3. -Prosím vás, _____ anglicky? (do you speak)

   -Trochu _____, ale nemluvím. (understand)

4. -Které jazyky _____? (do you know)

   -_____ anglicky, trochu španělsky a trochu česky. A vy?

   -Já _____ česky a německy, a Jirka _____ česky a slovensky.

   A naše děti (children) _____ česky, anglicky a trochu německy.

5. -Můj otec je Němec.

   -Ano? _____ doma německy?

   -Občas, ale _____ hlavně anglicky.

(2.9) Write sentences following the models.
A. Jak píší? How do they write?
Vzor: Ivan Klíma, Čech.
      → Ivan Klíma je český spisovatel. Píše česky.

1. Vladimír Vojnovič, Rus. _____

2. Robertson Davies, Kanaďan. _____

3. Cesare de Lollis, Francouz. _____

4. E.L. Doctorow, Angličan. _____

5. Milan Kundera, Čech. _____

6. Elfriede Jelinek, Rakušanka. _____

7. Maragaret Atwoodová, Kanaďanka. _____

8. Philip Roth, Američan. _____

B. Jak mluví doma? How do they speak at home?
Vzor: Honza, Čech.
      → Honza je Čech. Mluví doma česky.

1. Pierre, Francouz. _____

2. Sara, Američanka. _____

3. Nataša, Ruska. _____

4. Jarda, Čech. _____

5. Inge, Švédka. _____

C. Vzor: Laura, česky.
      →Laura není Češka, ale umí dobře česky.

1. Lenka, německy. _____

2. Jiří, anglicky. _____

3. Milena, španělsky. _____

4. Tonda, francouzsky. _____

5. Honza rusky. _____

(2.10) What languages does each person know? Write 10 sentences on a separate sheet of paper, combining words from each column.

Vzory: David umí výborně francouzsky a trochu čínsky.

Helena píše, mluví a rozumí francouzsky.

Karel rozumí trochu japonsky, ale málo píše.

Kdo	*Co dělá*	*Jak*	*Jak - jazyk*
Ivan	mluvit	plynně	rusky
Hanka	umět	výborně	ukrajinsky
Jaroslav	psát	velmi dobře	anglicky
Karel	rozumět	dobře	japonsky
Jiří		trochu	polsky
Věra		málo	německy
Zuzana			francouzsky
Jakub			italsky
vy (→ já)			španělsky
another person in your class			čínsky (Chinese)

(2.11) Jazyky. Languages and language families.
Rearrange the following languages into their respective language groups. Write the languages in columns under the language families below.

francouzština	němčina	španělština
ruština	italština	ukrajinština
polština	holandština	srbsko-chorvatština

Románské jazyky (Romance languages)	*Germánské jazyky*	*Slovanské jazyky*
francouzština…		

(2.12) *Čtení. Reading.*
    Irena je Polka, ale umí také rusky, česky a ukrajinsky: jedna její babička je Polka, jedna je Ruska, jeden její dědeček je Čech, a jeden je Ukrajinec.

A. On a separate sheet of paper write a paragraph about what you think her language abilities might be. Use the verbs *mluvit, rozumět, číst* and *psát* at least once each.

B. On a separate sheet of paper write a paragraph about your family and the languages that people in your family speak.

father - otec	brother - bratr	grandfather - dědeček
mother - matka	sister - sestra	grandmother - babička

jeden bratr, druhý bratr, třetí bratr - one brother, another brother, a third brother

jedna sestra, druhá sestra, třetí sestra - one sister, another sister, a third sister

Druhá lekce, druhá část
Lesson 2, Part 2

(2.13) Doplňte ukazovací zájmena. For each word, give the form of the demonstrative modifier.

A. *ten, ta, to* - either near or far

1. _____ město

2. _____ spisovatel

3. _____ spisovatelka

4. _____ stát

B. *tento, tato, toto* - things that are near; formal speech

1. _____ kniha

2. _____ slovník

3. _____ cvičení

4. _____ učebnice

C. *tenhle, tahle, tohle* - things that are near, informal speech

1. _____ auto

2. _____ klíč

3. _____ podnikatel

4. _____ inženýrka

D. *tamten, tamta, tamto* - things that are relatively far away

1. _____ počítač

2. _____ televize

3. _____ rádio

4. _____ videokamera

(2.14) Přeložte. Translate.
A. Jak se to řekne anglicky? Translate into English.

1. Ten slovník je velký. _____

2. To je velký slovník. _____

3. Ta televize je japonská. _____

4. To je japonská televize. _____

B. Jak se to řekne česky? Translate into Czech.

1. This is a new textbook. _____

2. This textbook is new. _____

3. This car is German. _____

4. This is a German car. _____

5. This is a good dictionary. _____

6. This dictionary is good. _____

(2.15) Napište věty. On a separate sheet of paper write 10 sentences, matching words from each column and adding forms of the verb *být* (or *nebýt*). Be sure to use the correct gendered forms of the demonstrative modifiers and the adjectives.

ten	slovník	je	velký
ta	okno	není	malý
to	kniha		čistý
	televize		špinavý
	lampa		bílý
	učebnice		červený
	rádio		japonský
	počítač		americký
	2 more things		2 more colors or nationalities

(2.16) Napište krátké dialogy. Write mini-dialogues. Imagine that you're visiting a Czech school and talking to a child. For each of the following write both your lines and the child's responses. Be sure to give an appropriate form of each of the names.

1. Introduce yourself to the child and ask his or her name.

- _____?

- _____.

2. Ask the child what is the name of a boy in the class. (boy - kluk)

- _____?

- _____.

3. Ask the name of another boy in the class (contrasting with the first).

- _____?

- _____.

4. Ask the name of a girl. (girl - holka)

- _____?

- _____.

5. Ask the name of another girl (contrasting with the first).

- _____?

- _____.

6. Ask the name of the child's teacher (pan učitel *or* paní učitelka).

- _____?

- _____.

(2.17) Noun stems and plural forms.
A. Divide the following nouns into their stems and endings.
B. Put each noun into the plural.

Vzory:	A.	knih	-a	B.	knihy
		student -			studenti

	A.	Stem	Ending	B.	Plural
1. kniha					
2. manželka					
3. paní					
4. učebnice					
5. klíč					
6. obraz					
7. pero					
8. stůl					
9. pán					
10. kluk					
11. učitel					
12. Rus					
13. student					
14. kamarád					
15. Čech					

(2.18) Kdo tady pracuje? Who works here?
A. In the left-hand column put the nouns into the plural.
B. In the right-hand column write the corresponding feminine plural. For the nominative singular of the corresponding feminine form, see the vocabulary list at the end of the chapter.
Tady pracují:

1. profesor _____   _____

2. Slovák _____   _____

3. Čech _____   _____

4. učitel _____   _____

5. Moravan _____   _____

6. Němec _____   _____

(2.19) Kdo mluví česky? Write sentences about the languages that people speak, putting the nationalities into the plural. After you have finished check the vocabulary list at the end of Chapter the chapter for unpredictable plural forms.

Vzor: Češi a Moravané mluví česky.

1. Polák _____

2. Rus _____

3. Angličan _____

4. Francouz _____

5. Slovák _____

6. Kanaďan _____

7. Ital _____

8. Španěl _____

(2.20) Napište věty. Write similar sentences given the information below.

Vzory: Václav je Čech. Jarmila je také Češka.
→ Václav a Jarmila jsou Češi.
Jarmila je Češka a Lucie je také Češka.
→ Jarmila a Lucie jsou Češky.

1. Jacek je Polák a Magdalena je Polka. _____

2. Nadine je Francouzka a Jean je Francouz. _____

3. Nataša je Ruska a Olga je také Ruska. _____

4. Paulo je Ital a Roberto je také Ital. _____

5. Gertrude je Němka a Brigitte je také Němka. _____

6. Maria je Italka a Rosa je také Italka. _____

7. Rosina je Španělka a Isabel je také Španělka. _____

8. David je Kanaďan a Pierre je také Kanad'an. _____

9. David je Kanad'an a Pauline je a Kanad'anka. _____

10. Helmut je Němec a Klaus je také Němec. _____

(2.21) Dejte do plurálu. Put the following words into the plural.

1. ten profesor _____

2. ten herec _____

3. ta herečka _____

4. ten sešit _____

5. to auto _____

6. ta inženýrka _____

7. ten doktor _____

8. ta kamarádka _____

9. to okno _____

10. ten chlapec _____

11. ta dívka _____

12. ten stůl _____

(2.22) Dejte do plurálu. Put into the plural.

1. ten český slovník _____

2. ten nový sešit _____

3. ta stará tužka _____

4. ten špinavý klíč _____

5. ta nová učebnice _____

6. ta stará kniha _____

7. to černé pero _____

8. ten domácí úkol _____

(2.23) Napište krátké dialogy podle vzoru. Following the model, write mini-dialogues about each of the following items. The first person asks who the items belong to. The second person answers, contrasting things that are relatively near with things that are relatively far. Use forms of *můj, tvůj, náš* and *váš*.

Vzor: židle

→ -Čí jsou ty židle?   -Whose chairs are these?
  -Tahle je moje, a tamta je tvoje.   -That one is mine, and this one is yours.

1. staré učebnice _____

    _____

2. anglické slovníky _____

    _____

3. nové knihy _____

    _____

4. domácí úkoly _____

    _____

5. staré klíče _____

    _____

6. modrá pera _____

    _____

7. červené tužky _____

    _____

(2.24) Doplňte ukazovací zájmena. Fill in the blanks with the demonstrative pronouns *ten, ta, to, tenhle, tahle, tohle,* or *tamten, tamta, tamto.*

1. -Nevíš, kde je můj sešit?

    -Tady je. Na.

    -Ne, _____ sešit je tvůj.

    -_____ je můj? No jo. A je _____ učebnice také moje?

2. -Čí jsou _____ klíče?

    -(Those) _____ nebo (these) _____?

    -(These) _____. (Those) _____ jsou moje (mine).

Exercise (2.24) continues on the next page.

Exercise (2.24), continued

3. -Nevíš, kdo je _____ pán?

    -Vím. _____ je náš soused, pan Veselý.

    -A kdo je _____ paní?

    -_____ je jeho žena, paní Veselá.

4. -Prosím vás, nevíte, kdo jsou _____ pánové?

    -To jsou hudebníci. Tady bude koncert. (there will be)

    -Aha. _____ pán mluví česky. Je _____ Jimmy Čert?

    -Ano, a _____ pán je David Bowie.

    -_____ je zajímavé. Děkuju.

    -Prosím.

(2.25) Odpovídejte na otázky. Answer using the numbers given in parentheses. Write out the numbers.

Vzor: Je tady jedno okno? (2)
        → Ne, jsou tu dvě okna.

1. Je tady jedna holka? (3) _____

2. Je tady jeden psací stůl? (2) _____

3. Je tady jedna židle? (2) _____

4. Je tady jeden student? (4) _____

5. Je tady jedno auto? (2) _____

6. Je tady jeden sešit? (2) _____

7. Je tady jedna kniha? (4) _____

8. Je tady jeden kluk? (3) _____

(2.26) Tady pracují dva inženýři. There are two engineers working here.
Answer the following questions in the plural, specifying how many (2-4).
Vzor: -Pracuje tady jeden inženýr?
        -Ne, tady pracují dva inženýři.

1. Pracuje tady jeden podnikatel? _____

2. Je tady jedna doktorka? _____

3. Pracuje tady jeden profesor? _____

4. Pracuje tady jedna učitelka? _____

5. Je tady jedno auto? _____

6. Pracuje tady jeden doktor? _____

7. Čte tady jeden student? _____

8. Je tady jedna podnikatelka? _____

(2.27) As you are sitting at your desk in your room or the library, compare your surroundings
with your classroom. Write 5-6 sentences on a separate sheet of paper.

Ve třídě je / jsou…   In the classroom there is / are …
V pokoji / v knihovně je / jsou …   In the room / library there is / are …
V pokoji / v knihovně není / nejsou… In the room / library there is not / are not …

(2.28) You're in charge of an international arts festival, held in Prague. Use the chart below to
write 6 sentences on a separate sheet of paper about which groups of people have already arrived
and which haven't.
Vzory: Už jsou tu všichni čeští režiséři.   All the Czech film directors are here already.
        Ještě tu nejsou všichni američtí herci.   Not all the American actors are here yet.

	All arrived?
Czech film directors	yes
American actors	no
Canadian musicians (hudebník)	no
French students (male and female)	yes
Slovak film directors	yes
English actresses	no
German artists (umělec)	yes
Russian female artists (umělkyně)	no

(2.29) Write the other half of each of the following mini-dialogues.
A. Vzor: -Umějí tito studenti anglicky?
       →-Ano, umějí. Jsou Američané.

1. -Rozumějí tito studenti francouzsky?

-_____

2. -Píší tyto studentky japonsky?

-_____

3. _____

    -Ano, jsou Slováci.

4. -_____

    -Ano, jsou Rakušanky.

+ 1 of your own, question and answer:

-_____

-_____

B. Vzor: -Rozumějí ti polští studenti trochu slovensky?
       -Ano, všichni Poláci rozumějí trochu slovensky.

1. Rozumějí ti ruští studenti trochu ukrajinsky?

-_____

2. Rozumějí ti slovenští studenti, když mluvíme česky? (když - when)

-_____

3. -Rozumí trochu váš kanadský kamarád, když mluvíme francouzsky?

-_____

4. -Umějí ti starší (older) čeští pánové trochu německy?

-_____

+ 1 of your own, question and answer:

-_____

-_____

(2.30) Jak se to řekne česky? Write Czech equivalents on a separate sheet of paper.

A. What would you say in the following situations?

1. You're going to visit your friend Lída. Ask her if her mother and father speak English.
2. You also speak German. Ask if her brother speaks German.
3. You're visiting a Czech school. Ask a child if he or she speaks English or Spanish.
4. You're visiting your Czech professor. His wife's name sounds French to you. Ask her if she speaks French.
5. Ask your professor if his parents speak German.
6. You are curious what languages the Czech president and prime minister know (*které jazyky*).

B. Write the responses to the questions in A.

(2.31) *Čtení. Reading. Eva writes a letter to her new pen pal, Hanka.*

Milá Hanko!

    Jmenuji se Eva. Jsem americká studentka. Mluvím anglicky a španělsky. Teď se učím česky. Moje babička je Češka a dědeček je Němec. Babička a matka občas mluví česky, tak trochu česky rozumím.
    Co děláš Ty, Lído? Které jazyky umíš? Kde studuješ? Také pracuješ?

Ahoj!
Tvoje Eva

Napište podobný dopis. Write a similar letter to a Czech pen pal. Note the formulas for beginning or ending a letter:

> At the beginning: Milý/Milá + the vocative case of the name
> At the end: Tvůj/Tvoje + the nominative case of the name
> Note, too, that forms of *ty* or *vy* (or *tvůj, váš* and so on) are capitalized.

Třetí lekce, první část
Lesson 3, Part 1

(3.1) Co jíte a pijete? What do you eat and drink?
List 3 foods or drinks that you associate with each of the following.

1. Snídaně. Breakfast. _____

2. Oběd. Lunch. _____

3. Večeře. Supper. _____

4. Svačina. Snack. _____

5. Česká restaurace. A Czech restaurant. _____

_____

(3.2) What nationalities do you associate with each of the following foods and drinks?
List as many nationalities as you can think of for each food item. Put the adjectives in
forms with the correct gender and number for each noun. (For adjectives of nationality
see Chapter 2, Part 1.)

1. pivo: české, _____

2. těstoviny: _____

3. knedlíky: _____

4. víno: _____

5. vodka: _____

6. závin: _____

7. rýže: _____

8. hranolky: _____

(3.3) Skloňujte sloveso *kupovat*. Write out a full conjugation set of the verb *kupovat* "to
buy". For the conjugation see the vocabulary list at the end of Chapter 3.

(já) kupuji/kupuju   (my) _____

(ty) _____   (vy) _____

(on, ona) _____   (oni, ony) _____

(3.4) Co kupujete? What are you buying? Answer this question for each person, putting the following foods into the accusative case.

Vzor: já; houska, čaj.

    → Kupuji housku a čaj.

1. ty; rohlík, káva, pomeranč _____

_____

2. Jan; sodovka, párky _____

_____

3. my; ryže, salát, kuře _____

_____

4. vy; zelenina, ryba, minerálka _____

_____

5. Hana a Lucka; sýr, chléb, salám _____

_____

(3.5) Na co máte chut'? What do you feel like having? Answer the question, saying that you feel like having one of the foods or drinks in parentheses instead of the one in the question.

    -Máte chut' na polévku? (salát, chléb)

    → -Ne, mám chut' na salát.

1. Máte chut' na salát? (polévka, chléb) _____

_____

2. Máte chut' na vepřové maso? (ryba, kuře) _____

_____

3. Máte chut' na knedlíky? (rýže, testoviny) _____

_____

4. Máte chut' na víno? (minerálka, pivo) _____

_____

5. Máte chut' na dort? (koláč, zmrzlina) _____

_____

6. Máte chut' na kávu? (čaj, becherovka - a kind of Czech liqueur) _____

_____

(3.6) Skloňujte sloveso *dát si*. Co si dáte? What will you have? Write out forms of the verb "to have to eat", adding a direct object in the accusative case. Remember that *si* must be in the second position.

(já) Dám si kávu.   (my) _____ polévku.

(ty) _____ čaj.   (vy) _____ salát.

(on, ona) _____ závin.   (oni, ony) _____ koláč.

(3.7) Co si všichni dají? What will everyone have? On a separate sheet of paper write 8 sentences combining a word from each column. Be sure to put the verb in the correct conjugated form and the nouns in the accusative case. Do not use the personal pronouns.
Vzory: Dám si salát a minerálku.
      Mirka a Ondra si dají polévku a pivo.

(já)		káva	koláč
(ty)		čaj	dort
Mirka	dát si	pivo	párek
(my)		sodovka	ryba
(vy)		minerálka	polévka
Mirka a Ondra		limonáda	kuře
+ 2 of your own			

(3.8) Write sentences with the verb *vědět* "to know (a fact)".

1. (vy) _____, kde je tady dobrá kavárna?

2. (my) Ano, _____. Je tady nalevo.

3. (ty) _____, že tady mají dobrou kávu?

4. (já) Ano, _____.

5. Milan a Renata _____, kde mají dobré knedlíky.

6. A Karel také _____.

(3.9) *Znát* nebo *vědět*? Doplňte. Fill in the blanks with forms of *znát* or *vědět*.

1. (já) _____ Annu. _____, kde je.

2. (ty) _____ Mikuláše a Janu? _____, kde jsou?

3. (vy) _____ pana Kašpárka? _____, že má restauraci?

4. Miloš a Pavel _____ Václava. _____, kde pracuje.

Word Study: Czech roots
Dnes večeříme bramborovou polévku.

Often groups of Czech words share the same root. Keep roots in mind when you are studying vocabulary and when you come across unfamiliar words. Often you can figure out what a word means by looking at the root.

Nouns and adjectives are closely related. Often -ový is added to a noun to make an adjective, especially with words denoting food.

brambor	→ bramborový	potato
čokoláda	→ čokoládový	chocolate
jablko	→ jablkový	apple
meruňka	→ meruňkový	apricot
švestka	→ švestkový	plum
zelenina	→ zeleninový	vegetable

Dáme si meruňkové knedlíky.
We'll have apricot dumplings.

Dnes večeříme bramborovou polévku.
Tonight we're having potato soup for dinner.

Nouns and verbs having to do with meals are also closely related.

snídaně	snídat	Snídám housku, jogurt a kávu.	breakfast
svačina	svačit	Míla a Honza svačí čaj a koláč.	snack
oběd	obědvat	Jarda obědvá maso, brambory a salát.	lunch
večeře	večeřet	Vladimír a Lucie večeří kuře, rýži a zelí.	dinner

(3.10) Představte si, že pracujete v české restauraci. Imagine that you work in a Czech restaurant. Answer the following questions about what kinds of foods you have, using adjectives formed from the nouns in parentheses. For adjective forms, see the above word study.

Vzor: Jaké máte koláče? (švestka, meruňka)
  → Máme švestkové a meruňkové koláče.

1. Jaký máte závin? (jablko) _____

_____

2. Jakou máte polévku? (zelenina, brambor) _____

_____

3. Jaký máte dort? (jablko, čokoláda) _____

_____

4. Jakou máte zmrzlinu? (čokoláda, vanilka) _____

_____

(3.11) Ask Czech friends if they would like to have the following foods with you. Write a different name for each, using vocative case endings.

Vzor: Mileno, nechceš taky čokoládovou zmrzlinu?

1. zeleninová polévka _____

_____

2. čokoládová zmrzlina _____

_____

3. švestkové knedlíky _____

_____

4. meruňkový koláč _____

_____

5. bramborová polévka _____

_____

(3.12) Co jíte a pijete? What do you eat and drink?

A. Write sentences with forms of the verb *jíst* "to eat". Write a different food for each person.

(já) Jím jablko.   (my) _____ _____.

(ty) _____ _____.   (vy) _____ _____.

(on, ona) _____ _____.   (oni, ony) _____ _____.

B. Write sentences with forms of the verb *pít*. Write a different drink for each person.

(já) Piji / piju vodu.   (my) _____ _____.

(ty) _____ _____.   (vy) _____ _____.

(on, ona) _____ _____.   (oni, ony) _____ _____.

(3.13) Co chcete pít? Say what each person wants to drink, choosing from *káva, čaj, pivo, víno, minerálka, limonáda* and *džus*.

Vzor: Chci pít minerálku.

1. (já) _____

2. (my) _____

3. Marcela _____

4. Tonda a Kája _____

(3.14) Doplňte *kdo* nebo *koho*. Fill in the blanks with nominative or accusative case forms of the word "who": *kdo* for the subjects, and *koho* for the direct objects. Translate each sentence into English.

1. _____ tady je, a _____ tady není?

English: _____

2. _____ vidíš?

English: _____

3. _____ tady znáš?

English: _____

(3.15) Vaříme to nebo pečeme? Do we cook (boil) it or bake it? Say how each of the following is prepared, using the *my* form of the verb. Note that the verb will come at the end, since this is the new information. (See Chapter 2, Part 2 for more on word order.)
Vzory: (polévka) Polévku vaříme.
        (maso) Maso vaříme nebo pečeme.

1. ryba _____

2. rýže _____

3. koláče _____

4. káva a čaj _____

5. závin _____

6. těstoviny _____

7. dort _____

8. brambory _____

(3.16) Imagine that you live in an international theme house. Whom do you know there?
Put the following nouns into the accusative plural. Remember to derive the accusative
plural from the nominative *singular*.
Vzor: Češi a Slováci
        Znám Čechy a Slováky.

1. Američané a Kanaďané _____

2. Němci a Rakušané _____

3. Rusové a Ukrajinci _____

4. Maďaři a Poláci _____

5. Francouzi a Angličané _____

6. Japonci _____

(3.17) Ask if your friend sees the following people.
Vzor: To jsou čeští režiséři.
        → Vidíš ty české režiséry?

1. To jsou slovenští herci. _____

_____

2. To jsou američtí a kanadští podnikatelé. _____

_____

3. To jsou angličtí spisovatelé. _____

_____

4. To jsou rakouští doktoři. _____

_____

5. To jsou němečtí sportovci a mexické sportovkyně. _____

_____

6. To jsou francouzští herci a italské herečky. _____

_____

(3.18) Věci ve třídě. Co vidíte, když jste ve třídě? What do you see when you're in your Czech class? On a separate sheet of paper write 6-7 sentences.
Vzor: Vidím studenty a učitelku.
       Vidím židle (plural) a tabuli (singular).
Suggestions: students (M and F), friends, teacher, table, chairs, window, blackboard, textbooks, backpacks, books, pencils, pens, dictionaries, etc.

(3.19) Co máte doma? What do you have at home?

A. Napište odstavec o tom, co máte na psacím stole. On a separate sheet of paper write a paragraph about what you have at home on your desk. Use adjectives whenever possible.
Vzor: Mám nové sešity a velký slovník.

B. Napište odstavec o tom, co máte v ledničce. On a separate sheet of paper write a paragraph about what you have in your refrigerator. Write also about what you usually (obvykle) have but don't now (teď).

(3.20) Say that Jarmila knows all of the following people.
Vzor: moji noví studenti
      → Jarmila zná moje nové studenty.

1. tvoji noví sousedé _____

2. naši profesoři a profesorky _____

3. jeho mladší bratři a sestry _____

4. vaši rodiče _____

5. jejich noví přátelé _____

6. ti staří spisovatelé _____

(3.21) Koho znáte? Whom do you know?
Say that you know the family members of the opposite gender. Keep 1-5 in the singular and 6-8 in the plural.
Vzor: Neznám tvoji sestru, ...
      → ... ale znám tvého bratra.

1. Neznám tvoji mámu, _____

2. Neznám tvoji tetu, _____

3. Neznám vašeho tátu, _____

4. Neznám vaši babičku, _____

5. Neznám jejich sestřenici, _____

6. Neznám jeho bratry, _____

7. Neznám její bratrance, _____

8. Neznám tvé sestry, _____

(3.22) Dialogy. Fill in the blanks of the dialogues with the appropriate forms of foods and drinks.

1. -Mám chuť na _____. Dáš si taky _____?

    -Ne, já chci _____

    -A co si dáš k pití? _____ nebo _____?

    -Dám si _____.

    -A já si dám _____.

    -Dobře, už vidím _____ (the waiter/waitress).

     Prosím, jed___ _____ a jed___ _____. (jeden, jednu, jedno)

    -A dáte si něco k pití?

    -Ano, jed___ _____ a jed___ _____.

2. -Prosím vás, jakou máte zmrzlinu?

    -Máme _____ a _____.

    -Máte nějakou specialitu?

    -Ano, naše specialita je _____. (nominative case)

    -Tak si dám _____. (accusative case)

3. -Hele, Michale, neznáš _____, kde mají dobré, ale levné jídlo?
                            (your choice: a place to eat)

    -Znám. Znáš _____ a _____?
               (any first name)   (any first name)

    -Ano.

    -A nevíš, že mají _____?
                      (a place to eat)

    Jejich specialita je _____.
                         (any food; nominative case)

    Vaří/Pečou tam výborn___ _____.
                            (same food; accusative case)

(3.23) Cards for *Dej si rybu* ("Go fish").

A. Fill in the blanks with accusative case forms.
B. Cut out the boxes to make cards.

Mám velk___ housk___.	Mám mal___ rohlík___.	Mám bramborov___ knedlík___.
Mám hork___ čaj___.	Mám studen___ vod___.	Mám bíl___ rýž___.
Mám jablkov___ závin___.	Mám čerstv___ ovoc___.	Mám velk___ pomeranč___.
Mám červen___ jablk___.	Mám čokoládov___ mlék___.	Mám čern___ káv___.
Mám velk___ salám___.	Mám mal___ ryb___.	Mám vepřov___ mas___.
Mám čerstv___ vejc___.	Mám zeleninov___ polévk___.	Mám bramborov___ polévk___.
Mám čokoládov___ dort___.	Mám vanilkov___ zmrzlin___.	Mám dobr___ koláč___.
Mám zelen___ jablk___.	Mám hověz___ mas___.	Mám meruňkov___ koláč___.

(3.24) Napište, pro koho to kupujete. Write for whom you are buying the following foods and drinks.

Vzor: mléko \ můj mladší bratr
       Kupuji mléko pro svého mladšího bratra.

1. ovoce \ moje kamarádka Libuše_____

_____

2. sýr \ moje sestra Věra _____

_____

3. pivo \ můj bratr Kuba _____

_____

4. dort \ můj přítel Jenda _____

_____

5. vanilková zmrzlina \ moje mladší sestra Hanka _____

_____

6. zelená jablka \ tvoje přítelkyně Jiřina _____

_____

7. španělské pomeranče \ náš soused Vítek _____

_____

(3.25) Rewrite the sentences using pronouns.

Vzor: Vidíš Miroslava?
       → Vidíš ho?

1. Vidíš Jana? _____

2. Vidíš Janu? _____

3. Máš tu knihu? _____

4. Máš ty tužky? _____

5. Máš svoje auto? _____

6. Neznáš moje učitele? _____

7. Nevidíš (já)? _____

8. Karel (vy) nezná. _____

(3.26) Replace the names or the pronouns in parentheses with accusative case personal pronouns.

Vzor: Kupuješ kávu pro Věru?
→ Kupuješ kávu pro ni?

1. Vaříš polévku pro Hynka? _____

2. Pečeš koláč pro Helenu a Honzu? _____

3. Smažíš sýr pro (já)? _____

4. Mám něco pro (ty). _____

5. Lucie kupuje chléb pro (my). _____

6. Vladimír kupuje pivo pro (vy). _____

7. Pečete ten koláč pro (on) nebo pro (ona)? _____

(3.27) Doplňte zájmena. Replace the pronouns in parentheses with accusative case personal pronouns.

1. Ten pán (já) _____ nevidí. Nedívá se na (já) _____ .

2. Vítek (ty) _____ dobře poslouchá. Dívá se na (ty) _____ .

3. Neslyšíme (on) _____ . Nedíváme se na (on) _____ .

4. Kluci (ona) _____ hledají. Čekají na _____ .

5. Vy (my) _____ neposloucháte! Nedíváte se na _____ !

6. Ta paní (vy) _____ hledá. Čeká na (vy) _____ .

7. Vidíme (oni) _____ . Díváme se na (oni) _____ .

8. Vidíme (on)_____ , ale nevidíme (ona) _____ .

(3.28) Doplňte *kdo* nebo *koho*. Fill in the blanks with *kdo* or *koho*.

1. Na _____ se díváš?

2. _____ hledáš?

3. _____ se na nás dívá?

4. _____ vidíš?

5. Na _____ čekáme?

6. _____ hledá ten číšník?

7. _____ hledá toho číšníka?

8. Na _____ čeká Václav?

(3.29) Napište věty podle vzoru. Write sentences according to the model. For each sentence, say that the opposite is also true. Since there is a sense of direct comparison, use long forms whether or not there is a preposition.

Vzor: Já čekám na tebe ...

→ ... a ty čekáš na mne/mě.

1. (ty, Petr) Ty čekáš na něho a _____.

2. (ty, já) Ty hledáš mne a _____.

3. (já, on) Já se dívám na něho a _____.

4. (on, my) On poslouchá nás a _____.

(3.30) A. Looking at the chart, write 4 sentences about what Mikuláš does on various days.

Vzor: V pondělí dopoledne Mikuláš má přednášku (lecture). Odpoledne pracuje.

	pondělí	*úterý*	*středa*	*čtvrtek*	*pátek*
dopoledne	přednáška	přednáška	pracuje	přednáška	nic
odpoledne	pracuje	hodina angličtiny (English class)	nic (nothing)	hodina angličtiny	pracuje

1._____

2._____

3._____

4._____

B. On a separate sheet of paper write out and write 4-5 sentences about your own schedule.

(3.31) Odpovídejte na otázky. Answer the following questions with complete sentences.

A. 1. Který je dnes den?_____

2. Je teď' ráno, dopoledne, odpoledne, večer nebo noc?_____

B. Time of day: in the morning, afternoon, evening, at night

2. Kdy večeříte? _____

3. Kdy snídáte? _____

4. Kdy svačíte? _____

5. Kdy spíte? _____

(3.32) Jak často to jíte nebo pijete? How often do you eat or drink this?
A. Check off how often you eat or drink the following items.

Jídla a nápoje	*každý den*	*často*	*občas*	*málokdy*	*nikdy ne-*
pomeranče					
jablka					
káva					
čokoláda					
maso					
ryba					
čaj					
sýr					
kuře					
dort					
švestky					
meruňky					
voda					
chléb					
mléko					

B.   Odpovídejte na otázky.   Answer the questions.

1. Co jíte nebo pijete každý den? _____

_____

2. Co často jíte nebo pijete? _____

_____

3. Co málokdy jíte nebo pijete? _____

_____

4. Co nikdy nejíte nebo nepijete? _____

_____

(3.34) Je to skandál? Is it a scandal?
In Part A, insert forms of *jeho* and *svůj* to avoid a scandal.
In Part B, use the pronouns to create a scandal.

A. Aleš miluje (loves) _____ ženu.

Ví, že _____ žena je inteligentní, milá a krásná.

Každý pátek prosí _____ ženu: „Nechceš se mnou (with me) obědvat v restauraci? “

Dvakrát týdně kupuje pro _____ ženu květiny (flowers).

_____ žena ho také miluje.

_____ žena často pro něho vaří meruňkové knedlíky nebo peče koláče.

Aleš také vaří a peče. Jednou měsíčně peče pro _____ ženu závin.

Je to _____ specialita.

B. Miroslav také miluje (loves) _____ ženu.

Každou sobotu prosí _____ ženu, „Nechceš obědvat se mnou (with me) v restauraci?”

Dvakrát ročně kupuje pro _____ ženu nové auto nebo klenoty (jewels).

_____ žena ho také miluje.

_____ žena často peče pro něho čokoládový dort.

Aleš je alergický na čokoládu a neví, proč _____ žena peče tak často čokoládový dort. (so often)

(3.35) Napište dialog. On a separate sheet of paper, write a 4-part dialogue about going to a restaurant.
Part A: Ask a friend about a good (Czech, French, Chinese...) restaurant.
Part B: Decide with your friend what you would like to order.
Part C: Order the food and drinks.
Part D: Converse with your friend while eating the food. Comment on the food. Say if you eat this kind of food often, what you usually do at this time of day, what Americans or Canadians typically eat at different meals, etc.

(3.36) Jak se to řekne česky? Write Czech equivalents on a separate sheet of paper.

1. Helena is buying oranges and apples.
2. Karel is drinking tea and eating a roll.
3. Milena drinks black coffee in the morning.
4. They are looking for a good Italian restaurant.
5. Do you know that waiter?
6. I see my friends there. They are eating dinner.
7. Do we have any apples at home?
8. Do you want some chocolate ice cream?
9. Katka wants vanilla ice cream, but Jarda and Vítek want apple strudel.
10. Vojtěch is buying a cake for his mother and brother. His brother often eats cake, but his mother eats it only rarely.
11. My grandmother bakes a cake every Wednesday.
12. Every Friday we watch television.
13. My friends are watch the film *Skalpel, prosím* but we want to watch *ER*.
14. Can you hear? (ty) Can you see?
15. What are they eating? What are they drinking?
16. Whom is Marie looking at? Is she looking at us?
17. Who is looking at Marie? Who is looking at her?
18. Who is looking for Marie? Who is looking for her?
19. For whom are they buying that computer?
20. Jaroslav is waiting for a friend. He is waiting for him.
21. Do you know where Eva and Miloš are? I am waiting for them.
22. Do you know them? Do they know you?
23. Do they see me?
24. I'll have soup, dumplings and chicken.

Čtrvtá lekce, první část
Chapter 4, Part 1

(4.1) List in Czech some places that you associate with each of the following.

1. eating _____

2. doing homework _____

3. going on a date _____

4. types of places where people live _____

5. shopping _____

6. sightseeing _____

(4.2) Červený Kostelec je malé město ve východních Čechách (in Eastern Bohemia). Co je v Červeném Kostelci? What is there in Červený Kostelec? Write out all numbers. Optional: add adjectives.

divadlo: 1	kino: 2	restaurace: 3
hospoda: 4	kostel: 3	rybník: 2
kavárna: 4	muzeum: 1	škola: 4
knihovna: 1	velké náměstí: 1	pošta: 1

V Červeném Kostelci je jedno divadlo a... _____

_____

_____

_____

(4.3) Dejte do lokativu. Put into the locative singular.

A. Feminine ending in *-ě/-e* in the locative singular.

1. kavárna: v _____
2. škola: ve _____
3. menza: v _____
4. univerzita: na _____
5. knihovna: v_____
6. hra: na _____

7. hospoda: v _____
8. banka: v _____
9. hodina češtiny: na _____
10. třída: ve _____
11. opera: na _____
12. pošta: na _____

B. Masculine and neuter ending in *-ě/-e* in the locative singular.

1. město: ve _____
2. divadlo: v _____
3. stůl: na _____
4. obchod: v _____
5. dům: v _____ (in the house)

6. kino: v _____
7. kostel: v _____
8. most: na _____

C. Masculine and neuter words that are of foreign origin: *-u* ending.

1. film: ve / na_____
2. muzeum (n.): v _____
3. metro: v _____

4. hotel: v _____
5. rádio: v_____

D. Masculine and neuter words that have the ending *-ě/-e* although they are of foreign origin.

1. auto: v _____
2. koncert: na _____

3. stát: ve _____

Exercise (4.3) continues on the next page.

Exercise (4.3), continued

E. Masculine and neuter words with stems that end in -k, -h, -ch or -g: -u regardless of origin.

1. Slovensko: na _____   6. Rusko: v _____

2. rybník: na _____   7. Německo: v _____

3. park: v _____   8. Rakousko: v _____

4. Zurich: v _____   9. Haag (The Hague): v _____

5. Zbiroh (český hrad): na _____   10. Chicago: v _____

F. Soft stem

1. Francie: ve _____

2. Anglie: v _____

3. vesnice: ve (a specific village) / na (in general) _____

4. kolej: na _____

5. restaurace: v _____

6. ulice: v (use with addresses) / na (use with people, cars that are on the street)

_____

7. galerie: v _____

8. televize: v _____

9. počítač: v / na _____

10. parkoviště: na _____

G. Neuter soft stem in -í

1. náměstí: na _____

2. knihkupectví: v _____

(4.4) O kom mluvíte? About whom are you speaking?
A. Vzor: Julie
            → Mluvím o Julii.

1. Helena: _____

2. Alenka: _____

3. Marta: _____

4. Olga (g>z): _____

5. Lucie: _____

B. Vzor: Martin Kupka
            → Mluvím o Martinu Kupkovi.

1. Jan: _____

2. Jan Novák: _____

3. Honza: _____

4. Honza Sedláček: _____

5. Tomáš: _____

6. pan profesor Tomáš Havránek: _____
    _____

7. pan prezident Václav Havel a pan premiér Václav Klaus: _____
    _____

(4.5) O kom nebo o čem mluvíte? About whom or what are you speaking?

1. otec a matka: _____

2. babička a dědeček: _____

3. strýc a teta: _____

4. Itálie, Francie, Německo a Rakousko: _____

5. Amerika, Kanada, Mexiko: _____

(4.6) Gabriela umí všechny evropské jazyky. Jak mluví kde? Gabriela knows all the European languages. What language does she speak in each country? (Review Chapter 3 to find language adverbs. Be sure to end each with a short vowel.)
Vzor: Ve Francii mluví francouzsky.

1. Anglie _____

2. Německo _____

3. Španělsko _____

4. Rakousko _____

5. Polsko _____

6. Itálie _____

7. Francie _____

8. Rusko _____

(4.7) Přečtěte o Robertovi a napište podobný popis. Read the following description and on a separate sheet of paper write a similar one about yourself, one of your friends, or a typical student at your school.

Robert je americký student. Studuje na univerzite ve Vermontu. Bydlí na koleji. Má jednu starší sestru a jednoho mladšího bratra. Sestra bydlí v Kalifornii. Studuje na univerzitě v Los Angeles. Bydlí v bytě. Rodiče a bratr bydlí v domě ve Phoenixu.

(4.8) Je to pravda nebo ne? True or false?
Read and respond to the following statements. If the statement is not true, write a sentence with the correct information.
Vzor: Doma vidím učitele.
→ Ne, doma nevidím učitele, ale rodinu: matku, otce, bratry a sestry. Učitele vidím ve škole.

1. Doma vidím číšníky. _____

_____

2. V samoobsluze vidím podnikatele a učitele. _____

_____

3. Na univerzitě pracují právníci. _____

_____

4. V restauraci pracují doktoři. _____

_____

(4.9) Kde jsou? Napište věty podle vzoru. Write sentences according to the model.
Vzor: prezidentská kancelář, Pražský hrad
→ Prezidentská kancelář je na Pražském hradě.

1. prezidentská kancelář, Pražský hrad _____
2. Chrám svatého Mikuláše, Malostranské náměstí _____
3. Staroměstská radnice, Staroměstské náměstí _____
4. Hlavní pošta, Jindřišská ulice _____
5. Národní divadlo, Národní třída _____
6. Divadlo Na zábradlí, Stříbrná ulice _____
7. Národní muzeum, Václavské náměstí _____
8. Loreta, Loretánské náměstí _____
9. Židovský hřbitov (Jewish cemetery), Široká ulice _____

(4.10) Kde bydlí …? Kde pracují? On a separate sheet of paper, write 10 sentences matching people and places of employment.

Člověk \ person	Sloveso \ verb	Kde	Jaký	Místo
Martina	bydlet	v/na	velký	město
Pavel	pracovat		malý	městečko
Milan a Ivan			červený	dům
Ivana a Jarmila			ošklivý	chata (na)
já			pěkný	les (forest)
vy			úzký	ulice (v)
ty			široký	vesnice
my			vysoký	hrad (na)
já a Helena			nízký	pošta
ty a Honza			krásný	kancelář

(4.11) Doplňte sloveso *bydlet*. Fill in forms of the verb *bydlet* "to live".

1. Božena bydlí _____. (in the capital city)
2. Její starší sestra bydlí _____. (in a small city)
3. Její mladší sestra bydlí _____. (in a dorm - *na*)
4. Její bratr bydlí _____. (in a small village - *v*)
5. Její otec a matka bydlí _____. (in a castle - *na*)
6. Její babička a dědeček bydlí _____. (in a cabin, *chata - na*)
7. Jeho sestřenice a bratranec bydlí _____. (in Slovakia - *na*)

(4.12) Odpovídejte na otázky. Answer the questions.
1. Kde pracuje americký prezident nebo kanadský premiér?

_____

2. Kde pracuje český prezident? (Pražský hrad, na)

_____

3. Kde pracuje ten herec? (Národní divadlo)

_____

4. Kde pracuje ta herečka? (Tylovo divadlo)

_____

5. Kde pracuje ten číšník? (Malostranská kavárna)

_____

(4.13) Dejte do lokativu. Put into the locative case.
A. Pan Pavlík píše knihu o Praze. O čem píše?

1. gotický hrad _____

2. středověké budovy _____

3. secesní domy _____

4. barokní kostely _____

5. renesanční paláce _____

6. gotická náměstí _____

7. románské kaple (kaple (f.) - chapel) _____

8. kubistické domy _____

(4.14) Dejte do lokativu. Replace the forms in parentheses with locative case forms.

1. Matka mluví o (můj bratr) _____

2. Píši o (její kočka) _____

3. Čtu povídku ve (svá kniha) _____

4. Babička je v (jejich auto) _____

5. Táta mluví o (moje sestra a její kočky) _____

6. Večeříš každý večer v (naše menza) _____

Exercise (4.14) continues on the next page.

Exercise (4.14), continued

7. Karel mluví o (moji bratři) _____

8. Karel je ve (svá třída) _____

9. Všichni studenti jsou ve (své třídy) _____

10. Pavel mluví o (tvoje sestry) _____

(4.15) Prepositions with both the accusative and locative case. Fill in the blanks with forms of the italicized word.

1. Tady je *naše mapa*.

Na _____ _____ je Praha.

Díváme se na _____ _____.

Na _____ _____ vidíme Prahu.

2. Tady je *český film*.

Jarda často mluví o _____ _____.

Píše esej o _____ _____.

Zajímá se o _____ _____.

3. *Pražský hrad* je velký.

Havel pracuje na _____ _____.

Často mluví o _____ _____ .

Turisté se dívají na _____ _____

4. *Tvoje sestry* jsou milé.

Mluvím o _____ _____.

Martina má koláč pro _____ _____.

(4.16) Jak se to řekne česky? On a separate sheet of paper write Czech equivalents.

1. My keys are in the desk.
2. The book is on the television.
3. Libuše Šafránková is in a new movie.
4. Ladislav is not at home. He is at the theater at the Czech play *Audience*.
5. Pavlína is at a concert.
6. Anna is talking about her new friend Mirek.

(4.17) Napište odstavec o tom, co vidíte na procházce po svém městě. On a separate piece of paper write 8-10 sentences about what you see on a walk around your city.

(4.18) Kde jsou tato města? Using the map of the Czech Republic in Chapter 1 of the textbook, describe where different cities are in the Czech Republic.
Use the following places:

v jižních Čechách	na jižní Moravě
v severních Čechách	na severní Moravě
ve východních Čechách	na východní Moravě
v západních Čechách	na západní Moravě

1. Znojmo _____

2. Hradec Kralové _____

3. Ostrava _____

4. Cheb _____

5. Plzeň _____

6. Zlín _____

7. Brno _____

8. Ústí nad Labem _____

9. České Budějovice _____

(4.19) For each of the following cities make up a Czech person and write that this person lives there. The city names that end in -ice are feminine plural.
Vzor: Vídeň → Tomáš bydlí ve Vídni.

1. Plzeň _____

2. Brno _____

3. Olomouc _____

4. Ostrava _____

5. České Budějovice _____

6. Mariánské Lázně (also feminine plural) _____

7. Karlovy Vary _____

8. Františkovy Lázně _____

(4.20) Doplňte osobní zájmena. Fill in the personal pronouns.

1. -Píše Matěj o Karlu Čapkovi?   -Ano, píše o _____.

2. -Učí se Helena o Marii Curieové?   -Učí se o _____.

3. -Čteš tam o (já) _____?   -Ano, čtu o (ty) _____.

4. -Čtete o Jaroslavovi a Lídě?   -Ano, čteme o _____.

5. -Mluvíš o (my) _____.   -Ne, my o (vy) _____ nemluvíme.

6. -Čteš o Michalu Vieweghovi?   -Ano, čtu o _____.

7. -Píšeš v dopise o (já) _____? -Ano, píšu o _____.

8. -Mluvíte o (já) _____?   -Ne, nemluvíme o _____.

Word study: Czech bags

Czech bags commonly derive their names from either what they are made of or, more frequently, what they are used to carry. So an *aktovka* "briefcase" can be expected to have inside *akta* "legal documents". A *peněženka* "wallet" has *peníze* "money". A *chlébník,* a small backpack some kids take on field trips, might contain a snack or *chléb*. A *kabelka* is a purse, and a *taška*, from the German word *Tasche* "pocket" is the generic word for "bag".

(4.21) Odpovídejte na otázky. Answer the questions.
A. Match up bags and their contents.

1. ____Co máte v tašce?   a. chlebíčky a koláče

2. ____Co máte v peněžence?   b. peněženka

3. ____Co máte v aktovce?   c. knihy a sešity

4. ____Co máte v chlebníku?   d. akta a papíry

5. ____Co máte v kabelce?   e. peníze

6. ____Co máte v batohu?   f. jablka, jogurty, mléko, maso, ryba

B. Answer 4 of the questions, writing full sentences below. Use the items listed below and other items that make sense.

1. V tašce mám jablka a _____.

2. _____.

3. _____.

4. _____.

(4.22) Sloveso *být* "to be". Put into the past tense. Use the names to determine the gender of the past tense forms for *ty* and *vy* (and the number for *vy*). If there is no past tense auxiliary (*jsem, jsi...*), leave the second position space blank.

1. Já _____ tam _____ .

2. Ty _____ tam taky _____ , Heleno.

3. Ty _____ tam _____ , Martine.

4. On _____ tam _____ .

5. Ona _____ tam _____ .

6. Ono _____ tam _____ .

7. Vy _____ tam _____ , pane profesore.

8. Vy _____ tam _____ , paní doktorko.

9. Vy _____ tam _____ , Martine a Heleno.

10. Vy _____ tam _____ , Heleno a Lenko.

11. Oni _____ tam _____ .

12. Ony _____ tam _____ .

(4.23) Kde jste byl/a?
A. Ask the following people where they were yesterday (*včera*).
Vzory: (Martina) → Martino, kde jsi byla včera?
      (pan profesor) → Pane profesore, kde jste byl včera?

1. Karel a Jarda _____

2. Pavel _____

3. Eliška _____

4. Ilona a Marie _____

5. paní doktorka _____

B. Give possible answers.
Vzor: (Hana a Libuše) → Byly jsme v kině.

1. Lucie _____

2. pan Kvapil _____

3. pan Beneš a paní Benešová _____

(4.24) Kde byli včera? Where were they yesterday?
Vzor: Jsme na univerzitě.
> → Včera jsme také byli (jsme také byly) na univerzitě.

1. Jan je doma. _____

2. Jsem na univerzitě. _____

3. Jsme tady na univerzitě. _____

4. Jsi v knihovně. _____

5. Jste na hodině češtiny. _____

6. Babička a dědeček jsou na chatě. _____

(4.25) Kde byli turisté? On a separate sheet of paper, combine words from each column to make 5 sentences.
Vzor: Ráno byli turisté v kavárně na Václavském náměstí.

Kdy	Kde
ráno	Pražský hrad
dopoledne	kavárna
odpoledne	restaurace
v poledne	galerie
večer	hospoda
v noci	Staroměstské náměstí
	Václavské náměstí
	hotel

(4.26) Dialog.
A. Doplňte slovesa *být* v minulém čase. Remember to include the auxiliary verb when needed.
-Halo, Pepíku!

-Ahoj, Ivanko! Kde jsi?

-Jsem na výletě v Telči.

-Kde _____ dnes v Telči _____?

-Dopoledne _____ _____na náměstí. Je to moc pěkné renesanční náměstí.

  Tam jsou renesanční a barokní domy. Je tam taky zámek, a v zámku je muzeum a galerie.

-Telč znám. Tam je to krásné. A odpoledne?

-Odpoledne _____ _____ na procházce po zámku. Znáš malíře (painter)

  Jana Zrzavého? V galerii jsou jeho obrazy. Jsou opravdu pěkné.

B. Napište svou vlastní verzi dialogu. On a separate sheet of paper, write your own version of the above dialogue.

(4.27) Včera se všichni procházeli po městě. Yesterday everyone was walking around a Czech city. Put the verb *procházet se* into the correct form of the past tense, and choose a city.
Vzor: (já - femininum)
→ Včera jsem se procházela po Červeném Kostelci.
Suggestions: Telč, Slavonice, Olomouc, Tábor, Mikulov, Šumperk, Český Krumlov,
              Kutná Hora, Ostrava, Mariánské Lázně, Luhačovice

1. ty - femininum _____

2. ty - maskulinum _____

3. Bedřich _____

4. Jarmila _____

5. my _____

6. vy _____

7. Bedřich a Jarmila _____

(4.28) Dejte do minulého času. Put into the past tense.

A. 1. Můj dědeček se jmenuje Jan. _____

2. Pracuje v kanceláři. _____

3. Moje babička se jmenuje Božena. _____

4. Pracuje v bance. _____

5. Já studuje na univerzitě. _____

6. Bydlíte na koleji? _____

7. Ano. Často tam večeříme. _____

8. Po večeři se díváme na video. _____

9. V knihovně čteme a píšeme úkoly. _____

B. 1. Jak se máte? _____

2. Co jíte v té restauraci? _____

3. Pečeš koláče každý týden? _____

4. Chci kávu. _____

5. Všichni chceme čaj. _____

6. Pijeme čaj nebo kávu každé ráno. _____

7. Nic nevidím a nikoho neslyším . _____

(4.29) Given the places people were, fill in some activities they might have been doing there. Choose from the following verbs: *číst, dívat se, hledat, jíst, mluvit, pít, poslouchat, pracovat, psát, slyšet, vidět.*

Vzor: Olga byla v kavárně.

→ V kavárně pila čaj, jedla dort a četla.

1. Katka byla v knihovně. _____

2. Martina a Josef byli v české restauraci. _____

_____

3. Václav byl doma. _____

4. Bohumil a Ludvík byli v kavárně. _____

5. Jaromír a Věra byli v kině. _____

(4.30) Co jste dělal/a v Praze? Write a paragraph about a real or imaginary trip to Prague (or another city in the Czech Republic). Kde jste byl/a, a co jste tam viděl/a?

(4.31) Představte si, že... Imagine that... On a separate sheet of paper write a short paragraph about where you were and what you saw on one of the following trips.

1. Cestoval/a jste po České republice.   3. Cestoval/a jste po Kanadě.
2. Cestoval/a jste po Evropě.   4. Cestoval/a jste po Americe.

(4.32) Fill in the blanks in the conversation. Use the nouns in parentheses for your answers. With nouns, choose *v* or *na*. Do not use personal pronouns.

Vlasta: Nazdar! Jak jste se měli v sobotu a v neděli?

Tonda: Nazdar, Vlasto! (my, mít se) _____ dobře.

Vlasta: (vy, být) _____ někde?

Věra: V sobotu večer (my, být) _____ (kino) _____

(český film) _____ .

Vlasta: Aha, a který film (vy, vidět) _____ .

Tonda: (my, vidět) _____ nový film, *Kolja*.

Vlasta: (já, slyšet) _____ o tom (film). Jaký (být) _____ ten film?

Věra: Film (být) _____ výborný!

(4.33) Napište dialogy. Write your own dialogues.

1. Talk to a friend about what you both did over the summer. Use the following verbs: *být, pracovat, cestovat, studovat, chtít, dělat, mít se.*

2. Talk to a professor about what you did over the summer. Use the following verbs: *být, pracovat, cestovat, studovat, chtít, dělat, mít se, slyšet.*

3. Talk to a classmate about what you did over the weekend. Use the following verbs: *být, jíst, pít, chtít, vidět, dívat se na, mít se, učit se, poslouchat, hledat.*

(4.34) Jak se to řekne česky? Write English equivalents on a separate sheet of paper.

1. Bob studied film in Prague.
2. He lived at a dormitory in Břevnov.
3. He worked in the film archive (filmový archiv).
4. He had dinner every night in the bar *U Tomáše.*
5. He ate dumplings, cabbage and pork, and drank Pilsner (plzeňský) beer.
6. His best (nejlepší) friends were named Miloš and Eva.
7. They lived in a small apartment in Malá Strana, on Mostecká street.
8. They often looked at the beautiful Baroque statues on Charles Bridge.
9. They would all often drink coffee in Malostranská Beseda.
10. They sometimes listened to music (hudba) there too.
11. They went on walks around Prague.
12. Their favorite (oblíbený) place was Vojanovy sady in Malá Strana. They walked around Vojanovy sady every day.

(4.35) *Čtení. Reading. Červený Kostelec*

Note: there is a glossary on the following page.

Jana bydlí v Červeném Kostelci. To je malé město ve východních Čechách. Bydlí v Sokolské ulici, v centru města, a pracuje ve škole, která je nedaleko. V její ulici jsou domy a obchody: kavárna, parfumérie, knihkupectví a další. Blízko je velké náměstí. Jmenuje se Masarykovo náměstí. Tomáš Garrigue Masaryk byl první český prezident, a tak je v Čechách a na Moravě mnoho „Masarykových náměstí". Je to asi jako „Washingtonova ulice" v Americe. Na Masarykově náměstí v Červeném Kostelci je velký, červený kostel. Je tam také městský úřad, papírnictví, a kavárna. Jana v této kavárně často pije kávu nebo jí zmrzlinu, zvlášť když má návštěvu.

V devatenáctém století bydlela krátkou dobu v Červeném Kostelci česká spisovatelka Božena Němcová. Božena Němcová psala hlavně o životě na venkově. Její román *Babička* čtou všechny české děti. Dnes je malé muzeum v tom domě, kde bydlela. Už ve dvacátém století v sousedním městě Náchod bydlel český spisovatel Josef Škvorecký. Josef Škvorecký psal ve svých prvních románech o životě v Náchodě, v Červeném Kostelci a také v jiných českých městech. Škvorecký napsal mimo jiné román o skladateli Antonínu Dvořákovi, román o Americe (*Velká povídka o Americe*) a knihu o československém filmu (*Všichni ti bystří mladí muži a ženy*). Nyní bydlí se svou manželkou Zdenou Salivarovou v kanadském městě Torontu.

Slovníček

blízko - near
devatenáctý - nineteenth
krátkou dobu - for a short while
povídka - short story
století - century
východní - eastern

bystrý - bright, clever
dvacátý - twentieth
která je nedaleko - which is nearby
různý - various
úřad - office
zvlášť - especially

děti - children
jiný - other
nyní - now
skladatel - composer
věc - thing
život - life

Otázky k textu.

1. Co si myslíte (what do you think), je Jana Češka nebo Moravanka? Jak to víte?

_____

2. Kdo je? Kde pracuje? _____

3. Jak se jmenuje velké náměstí? Proč? _____

4. Co si myslíte, že Jana kupuje v Sokolské ulici? Co kupuje na Masarykově náměstí?

_____

5. Proč je v Červeném Kostelci muzeum? _____

6. Kdo je Josef Škvorecký? O čem píše?

Pátá lekce, první část
Chapter 5, Part 1

(5.1) Jaký sport dělají? Write sentences about what the following athletes are doing.

1. _____

2. _____

3. _____

4. _____

5. _____

6. _____

7. _____

8. _____

(5.2) Jaký sport děláte? Write sentences about which the sports that you and 2 of your your friends and family members do. Use each of the following verbs: *hrát fotbal* (soccer), *hrát americký fotbal* (football), *hrát hokej, hrát tenis, lyžovat, plavat, běhat* and one other of your choice.

Vzory: Hraju (hraji) tenis. Můj bratr hraje hokej.

Nikdo v naší rodině nehraje americký fotbal. (No one in our family plays football.)

_____

_____

_____

(5.3) Co tam dělali? Given the place where each person was, say what he or she was probably doing there. Some suggestions are given.

Vzor: Dnes odpoledne byli Honza a Vítek na stadionu.

→ Hráli fotbal.

1. Petr a Hanka byli v tělocvičně. (tělocvična - gym; doing exercises, playing basketball)

_____

2. Ilona a Pavel byli v parku. (playing tennis, running, going for a walk)

_____

3. Ivana byla na horách. (skiing, skating, rock climbing, bike riding)

_____

4. Barbora a Markéta byly na plovárně. (plovárna - swimming pool)

_____

5. Martina a Vojta byli na fotbalovém hřišti.

_____

6. Jarmila a Helena byly na tenisových kurtech.

_____

7. Jan byl na golfovém hřišti.

_____

8. Mikuláš a Ondra byli na stadionu.

_____

(5.4) Kde byli? Where were they? Given what the following people were doing, write where they may have been.

1. Jakub a Zuzana hráli tenis. _____

2. Jiří jezdil na kole. _____

3. Věra plavala. _____

4. Lenka jezdila na kánoi. (river - řeka (na); pond - rybník (na)) _____

_____

5. Eva a Helena hrály fotbal. _____

6. Jarmila běhala. _____

7. Pavel cvičil. _____

Exercise (5.4) continues on the next page.

Exercise (5.4), continued

8. Jarda a Karel hráli hokej. _____

9. Milada lezla po skalách. _____

10. Libuše a Alena lyžovaly. _____

11. Ludvík pil kávu. _____

12. Hynek četl román. _____

13. Vlasta dělala úkoly. _____

14. Jedli jsme zmrzlinu. _____

Word study: Czech names for sports, sports equipment and sporting events

In addition to names of sports that are derived from English (such as *tenis, basketbal, baseball*), Czech has words that are derived from Czech roots.

košíková - basketbal	*from* koš - basket
kopaná - fotbal	*from* kopat - to kick
odbíjená - volejbal	*from* bít - to hit
stolní tenis - ping-pong	*from* stůl - table

The words *košíková, kopaná* and *odbíjená* are actually adjectives. They are feminine in form, to match the noun *hra* "game". The word is *hra* omitted, however. You can tell by the spelling of the words *tenis* and *basketbal* that these sports are played more frequently in the Czech Republic than *baseball*, which has a double letter at the end in Czech, as in English.

Some other sports only have Czech names. These terms are generally derived from verbs, and they often end in *-ní*: *lyžovat* ➔ *lyžování* "skiing".

(5.5) Match up the following verbs and nouns and then translate the nouns.

1. ___ lyžovat   a. plavání _____

2. ___ bruslit   b. lyžování _____

3. ___ plavat   c. hra _____

4. ___ jezdit na kole   d. běh _____

5. ___ běhat   e. bruslení _____

6. ___ hrát   f. jízda na kole _____

(5.6) Match up sports and the equipment you would need for each. Translate the words for the equipment.

1. ___ lyžování   a. fotbalový míč _____

2. ___ tenis   b. hokejka a puk _____

3. ___ fotbal   c. brusle _____

4. ___ bruslení   d. basketbalový míč _____

5. ___ plavání   e. lyže _____

6. ___ hokej   f. kánoe _____

7. ___ cyklistika   g. tenisová raketa _____

8. ___ kanoistika   h. plavky _____

9. ___ basketbal   i. kolo _____

10. ___ golf   j. golfové hole a míčky _____

(5.7) Sportovní soutěže. Sports competitions.
Use the word *zápas* for competitions in which two sides play against each other. Use *závod* for a race.

> Ivana a Milena hrají tenis. Mají tenisový *zápas*.
> Martin a Pavel hrají basketbal. Mají *zápas*.
> Lukáš jezdí na kanoi. Má *závod*.

Co myslíte, v kterých sportech jsou zápasy? V kterých sportech jsou závody? List 4 sports for each type of sporting event. Use the terms in exercise (5.6).

1. Zápasy: _____

2. Závody: _____

(5.8) Co rádi děláte? Write about what you and your friends like and don't like to do.
Vzory: Rád/a se dívám na hokej. Můj spolubydlící (roommate) nerad hraje golf.

1. hrát americký fotbal _____

2. dívat se na americký fotbal _____

3. dívat se na televizi _____

4. číst _____

5. cestovat (travel) _____

6. hrát ping-pong _____

7. 2 sports of your choice: _____

(5.9) Co radši děláte? Choose between the two activities given.
Vzor: Radši hraji fotbal než se na něj dívám.
        I like to play soccer more than I like to watch it.

1. hrát tenis, dělat aerobik _____

2. bruslit, lyžovat _____

3. plavat na plovárně, plavat v rybnících (rybník - pond) _____

    _____

4. dívat se na basketbal, hrát basketbal _____

5. dívat se na baseball na stadionu, dívat se na baseball v televizi

    _____

6. mluvit o sportu, dělat sport _____

7. běhat po ulicích, běhat v parku _____

8. obědvat v drahých restauracích, obědvat v menze _____

    _____

(5.10) Které sporty jste rád/a a nerad/a dělal/a, když jste byl/a malý/malá? What sports did you
like to do when you were little? What did you not like to do? On a separate sheet of paper write
about 6 sports.
Vzory: Ráda jsem plavala, ale nerada jsem bruslila.

(5.11) Jak se to řekne česky? Write Czech equivalents.

1. My brother likes to go bike riding. _____

2. My mother likes to swim. _____

3. My father prefers soccer. _____

4. He plays every Saturday. _____

5. I play tennis, run and rock climb. _____

6. My friend Lukáš also plays tennis. _____

7. Sometimes we play together (spolu). _____

8. But I prefer to go running. _____

(5.12) Kdo vyhrál, a kdo prohrál? Tennis game results. On a separate sheet of paper, write sentences about 4 tennis players, following the model.
who played, who won and who lost.
Vzor: Novotná dvakrát vyhrála, šest čtyři a šest nula, a prohrála jednou, čtyři šest.

      Novotná - Benešová 6:4, 4:6, 6:0
      Selešová - Navrátilová 6:4, 6:2
      Němečková - Maršítová 4:6, 6:4, 6:2

(5.13) Je konec semestru a už jste všechno snědli a vypili. It's the end of the semester and there's no food left in the refrigerator: you and your roommates have eaten it all. Write sentences saying that you've eaten or drunk up all of the following foods and beverages.
    Use *všechen* for masculine singular items, *všechno* for neuter singular items, *všechnu* for feminine singular items, *všechny* for masculine and feminine plural items, and *všechna* for neuter plural items.
Vzory: párky →   Snědli jsme všechny párky.
      sodovka, džus →   Vypili jsme všéchnu sodovku a všechen džus.

1. chléb _____
2. ovoce (neuter, singular) _____
3. rohlíky _____
4. koláče _____
5. víno _____
6. limonáda _____
7. jablka _____
8. káva _____

(5.14) Nedokonavý nebo dokonavý vid? Imperfective or perfective aspect?
A. Determine whether the verbs in the following sentences are imperfective (I) or perfective (P).
Circle the corresponding letter.
1. What did you do yesterday? I/P
2. We played hockey. I/P
3. Did you win? I/P
4. No, we lost, 6-4. I/P
5. Afterwards we sat in a bar and drank beer. I/P
6. We drank beer and ate hotdogs and french fries. I/P
7. I ate two hotdogs and drank three beers. I/P
8. I didn't eat up all the french fries. I/P
9. They weren't very good. I/P
10. But the hotdogs and beer were very good. I/P
B. Jak se to řekne česky? On a separate sheet of paper give Czech equivalents of the sentences in A. #5 afterwards - potom; to sit - sedět

(5.15) Nedokonavý nebo dokonavý vid? Imperfective or perfective aspect?
Circle the verb form that is needed for each sentence. Indicate how you made this decision (clue words, general context). Note: the imperfective verb is always given first.

Clue words/general context:

1. Katko, co jsi (dělala / udělala) včera? _____

2. (Četla / přečetla) jsem v knihovně. _____

3. Jak dlouho jsi tam (četla / přečetla)? Celý den? _____

4. (Četla / přečetla) jsem a (psala / napsala) jsem úkoly _____

   tři hodiny.

5. (Psala / napsala) jsem všechny úkoly za dvě hodiny. _____

6. Hodinu jsem (četla / přečetla) jen pro sebe. (just for _____

   myself, just for fun)

7. Potom jsem měla hlad. (Kupovala / koupila) jsem si _____

   kávu a koláč.

8. (Kupovala / koupila) jsem koláč i pro tebe (for you, too). _____

9. Ale měla jsem velký hlad, a tak jsem (jedla / snědla) _____

   oba koláče.

10. Káva nebyla moc dobrá, a tak jsem ji všechnu _____

    (nepila / nevypila).

(5.16) Za jak dlouho jste to udělal/a? On a separate sheet of paper, write 8 sentences saying how long it took you to get the following things done.
Vzor: Napsala jsem cvičení za půl hodiny.
         I wrote the exercise in a half hour.

udělat domácí úkol	za	půl hodiny (1/2 hour)
napsat cvičení		jednu hodinu, dvě hodiny
uvařit polévku		pět hodin
upéct čokoládový dort		pět minut, patnáct minut
sníst všechnu polévku		jeden týden, dva týdny
sníst všechen dort		jeden den, dva dny
vypít všechno víno		

(5.17) Nedokonavý nebo dokonavý vid? Imperfective or perfective aspect?
Circle the correct aspect and translate the sentences. Note: the imperfective verb is always given first.

A. 1. Co jste dnes (dělaly / udělaly), Hanko a Helenko? _____

_____

2. (Pekly / upekly) jsme. _____

3. (Pekly / Upekly) jsme jablkový závin. Je tam na stole. _____

_____

4. Ale ne, nic tam není. Kdo ho (jedl /snědl)? _____

B. 1. (Hráli / vyhráli / prohráli) Miloš, Jarmila, Věra a Jakub tenis nebo fotbal?_____

_____

2. Jak dlouho (hráli / vyhráli / prohráli)? _____

3. A kdo (hrál / vyhrál)? _____

4. (hráli / vyhráli) celé odpoledne, a nakonec Miloš a Jarmila (hráli / vyhráli). _____

_____

C. 1. Už (kupoval / koupil) Mirek všechno, co potřebuje na mejdan v sobotu? _____

_____

2. Byl v samoobsluze. (Kupoval / Koupil) párky a pivo. _____

_____

3. Ale ještě (nekupoval / nekoupil) dort. _____

D. 1. Jaroslav už (prodával / prodal) svoji starou tenisovou raketu. _____

_____

2. Náš soused ji (kupoval / koupil) pro svého syna. _____

E. 1. Ivane a Petře, co jste (dělali / udělali) ve Vídni? _____

2. (Kupovali / koupili) jste si lístky na operu? _____

3. (Dávali / dali) jste si tam vídeňskou kávu? (vídeňská káva - coffee with whipped cream)

_____

F. 1. Karel dlouho (psal / napsal) úkoly. _____

2. (Psal / napsal) je celé odpoledne. _____

3. Ale Eva a Zdeněk je (psali / napsali) za dvě hodiny. _____

(5.18) Nedokonavý nebo dokonavý vid? Perfective or imperfective aspect? Classify each of the following verbs and give its perfective or imperfective pair. If the verb does not have a perfective form, write "no perf."

1. kupovat _____

2. prodat _____

3. být _____

4. bydlet _____

5. připravit _____

6. vařit _____

7. upéct _____

8. vypíť _____

9. jíst _____

10. psát _____

11. mít _____

12. dělat _____

(5.19) Sequencing. Co jste koupil/a a uvařil/a? What did you buy to make each of the following foods? For each food write a two-part sentence saying 1) one or two ingredients that you bought on your way home (*cestou domů*), and 2) how you prepared the food, using an appropriate verb of cooking (*připravit, uvařit* or *upéct*).

Vzor: pizza → Cestou domů jsem koupil/a sýr a rajčata, a potom jsem upekl/a pizzu.

1. polévka _____

2. ovocný salát _____

3. jablkový koláč _____

4. těstoviny _____

5. bramborový salát _____

6. omeleta _____

(5.20) A. Co dělali babička a dědeček? Fill in the blanks with past tense verb forms. Pay close attention to words that give clues about simultaneous or sequenced actions.

Babička _____ koláče a přitom _____.
         baked   listened to music

Zatímco babička _____, dědeček _____.
                  was baking   wrote letters

Když _____ dva dopisy, _____ noviny (newspaper).
      he had written   read

_____ noviny, a potom _____.
He read through   watched television

Exercise (5.20) continues on the next page.

Exercise (5.20), continued

Když babička _____ koláče, _____ kávu.
                  had baked   she made

_____ koláče a kávu.
  They had

_____ koláče celý týden a nakonec je _____ v sobotu.
    They ate   ate up

B. Napište svou vlastní verzi. On a separate sheet of paper write your own version of this story.

(5.21) Doplňte slovesa. Fill in appropriate verbs (past tense).

1. Včera jsme Jana a já _____ celé odpoledne tenis.

2. Nejdříve _____ Jana. _____ dvakrát.

3. Ale konečně jsem také _____.

4. Nakonec jsem _____ dvakrát a Jana _____ třikrát.

5. Když jsme _____, můj bratr byl doma.

6. Bratr _____ noviny a přitom _____ meruňky.

7. Nakonec _____ celé noviny a _____ všechny meruňky.

(5.22) Odpovídejte na otázky. Answer questions about a recent visit from Czech friends.

1. Kde bydlí vaši přátelé? _____

2. Pracují nebo studují? Kde? _____

3. Jak dlouho u vás (at your place) byli?_ _____

4. Co dělali, když byli u vás? (How did they spend their time?) Procházeli se po vašem městě?
Cestovali po Americe? Kde byli? _____

_____

5. Psali dopisy a pohledy (postcards)? _____

7. Vařili pro vás? Co uvařili? _____

8. Pekli pro vás? Co upekli? _____

(5.23) Kde budeš v sobotu večer?
On a separate sheet combine words from each column to write 6 sentences about where each person will be at a certain time.
Vzor: Ve čtvrtek večer budu doma.

Kdy	*Kdo*	*Kde*
v pátek večer	ty	doma
ve středu odpoledne	my	ve škole
zítra dopoledne	já	v kavárně
v úterý v poledne	Jaroslav	na mejdanu
v sobotu večer	Kateřina a Martina	na koncertě
v neděli v noci	vy	v knihovně

(5.24) Napište, že všichni budou v práci. Say that everyone will be at work.
Vzor: Katka je učitelka. Bude ve škole.
1. Katka a Vlasta jsou učitelky. _____

2. Jarda je podnikatel. _____

3. Radek je číšník. _____

4. Já jsem student/ka. _____

5. Vy jste doktoři. _____

6. Ivana a já jsme studenti. _____

(5.25) Nedokonavý nebo dokonavý vid? Decide if the English sentences describe perfective or imperfective actions. Do not translate the sentences. Mark each verb (I) or (P).
1. What are you going to do ( ) this weekend?

2. My friends and I are going to be ( ) in the country. Do you want to come too?

3. We'll leave ( ) town Friday evening after work.

4. We'll eat dinner ( ) in a pub.

5. After we have finished dinner ( ), we'll get on the road again.

6. We'll get to the house ( ) soon after that.

7. After we unpack ( ) the car, we can play ( ) cards and listen ( ) to music.

8. On Saturday after breakfast we can go swimming ( ) in a lake nearby.

9. Or we can go biking ( ).

10. There are ( ) a lot of good trails for mountain biking there.

(5.26) Co budete dělat dnes večer? Write sentences in the future tense.
Vzor: Co / (vy) dělat / dnes večer? → Co budete dělat dnes večer?

1. Dnes večer / (já) se učit / v knihovně. _____

_____

2. Moji přátelé Libor a Michala také tam / být. _____

_____

3. (my) číst / učebnici. _____

_____

4. V pátek / (my) mít / zkoušku. _____

_____

5. Michala / mít / zkoušku / ve čtvrtek. _____

_____

7. Asi / se učit / celý večer. _____

_____

(5.27) Kdy to uděláte? Say that you haven't yet done the following things, but that you will at
the time given in parentheses.
Vzor: Už jsi přečetla hru *R.U.R.*? (zítra)
        → Ještě jsem ji nepřečetla. Přečtu ji zítra.

1. Už jsi koupil kávu? (sobota) _____

_____

2. Už jsi prodala tenisovou raketu? (příští týden; příští - next) _____

_____

3.   Už jsi upekl koláč? (příští pátek) _____

_____

4. Už jsi koupila nové brusle? (čtvrtek) _____

_____

5. Už jsi udělal domácí úkol? (dnes večer) _____

_____

6. Už jsi napsala esej? (zítra) _____

_____

(5.28) Jak dlouho to bude dělat? Za jak dlouho to udělá?
A. Write about 4 things from Marcel's to-do list: What does he have to do and how long will it take him? Write three sentences for each activity, as in the model.
Vzor: připravit salát

→ Musí připravit salát. Bude připravovat salát půl hodiny. Připraví salát za půl hodiny. He has to make a salad. He'll spend a half an hour fixing the salad. He'll fix the salad (get the salad fixed) in a half an hour.

List: koupit ovoce a zeleninu
napsat domácí úkol
upéct dort
uvařit večeře
napsat dopisy domů

B. Write about 4 things that you yourself have to do.

(5.29) *Až* versus *když*.
A. Doplňte *až* nebo *když*. Fill in *až* or *když* and translate into Engish. Remember that in the future tense *až* means "when" and *když* means "if".

1. Fotbal budeme hrát, _____ napíšeme všechna cvičení.

_____

2. _____ nebudeme mít zítra domácí úkoly, budeme jezdit na kole.

_____

3. _____ sníme všechny knedlíky, dáme si kávu.

_____

4. _____ vypijeme kávu, budeme se dívat na video.

_____

5. _____ bude v televizi zajímavý program, budeme se na něj dívat.

_____

6. _____ bude babička v sobotu na chatě, uvaří houbovou polévku.

_____

7. _____ budeme mít štěstí, babička nám také upeče koláč. (nám - for us)

_____

Exercise (5.29) continues on the next page.

Exercise (5.29), continued

B. Write sentences ##1, 3 and 4 from Part A in the past tense. Remember that in the past tense *když* means either "if" or "when".

1. _____

3. _____

4. _____

(5.30) Jak se to řekne česky? Write Czech equivalents on a separate sheet of paper.
1. When I have finished my homework, we will have dinner.
2. When I was little, I played soccer.
3. Martina lived for a long time in Prague. When she lived there, she played hockey every day.
4. When Jan has finished reading a chapter (*lekce*) in his textbook, he will eat dinner.
5. When Martin has baked the cake, we will have it (*dát si*).

(5.31) Co budete dělat? You are on a vacation in Prague. Use the following verbs to make a schedule for yourself. See the reading in Chapter 4 on Prague for suggestions of things to do in Prague, and the readings in Chapter 3 for suggestions about Czech meals. Write 10 sentences on a separate sheet of paper.
Vzory: V poledne budu obědvat v hospodě na Malé Straně.
    Dám si smažený sýr a pivo.
    Až sním všechen sýr a vypiji všechno pivo, budu se procházet po Malé Straně.

Kdy	*Co budete dělat*
ráno	jíst / sníst
dopoledne	obědvat
v poledne	procházet se po …
odpoledne	večeřet
večer	dívat se na…
v noci	poslouchat …
	pít / vypít
	číst / přečíst
	spát

Word study: najíst se and napít se, vs. sníst and vypít

The perfective verbs *sníst* and *vypít* emphasize the result of having eaten or drunk a food or drink until it is gone. Adding the prefix *na-* and the reflexive pronoun *se* to *jíst* and *pít* makes perfective verbs that focus on a different result: having eaten or drunk to satiation. *Najíst se* and *napít se* do not take a direct object in the accusative case. Be sure to put *se* in second position.

(5.32) Doplňte *najíst se, napít se* nebo *sníst, vypít*. Fill in verbs of eating and drinking.

1. Mám hlad. Chci _____.

2. Kde jsou koláče? Milena je už _____.

3. Už _____ všechnu kávu.

4. Mám žízeň. Chci _____.

5. Měli jsme velký oběd. _____ jsme všechny rohlíky a _____
jsme všechno pivo. Dobře jsme _____ a _____.

(5.33) Co bude dělat Hanka dnes večer?
A. Put the sentences into the future tense. Remember to use future tense forms of *být* with imperfective verbs.

1. Dnes večer Hanka (psát / napsat) dopisy. _____

2. Až (psát / napsat) dva dopisy, (vařit / uvařit) večeři. _____
_____

3. Zatímco (vařit / uvařit), (poslouchat / poslechnout) rádio. _____
_____

4. Až všechno (vařit / uvařit), (jíst / najíst se). _____

5. (jíst / najíst se) bramborovou polévku, knedlíky a zelí. _____
_____

6. Až (jíst / najíst se), (číst/přečíst) lekci v učebnici. _____
_____

7. (číst / přečíst), a přitom (poslouchat / poslechnout si) rádio. _____
_____

B. On a separate piece of paper, write the sentences from Part A in the past tense.
Včera večer Hanka psala dopisy …

(5.34) Přeložte do angličtiny. Write English equivalents on a separate sheet of paper.

1. Paní Pospíšilová pracuje v knihkupectví. Prodává knihy.
2. Jaroslav si koupí nové lyže a prodá svoje staré.
3. Irma je v samoobsluze. Kupuje mléko, párky a rohlíky.
4. Mám hlad. Koupím párek v rohlíku.
5. Už jsi prodal svoje staré kolo?

(5.35) Doplňte sloveso *moct*. Fill in forms of the verb *moct*.

1. -(ty) _____ hrát karty dnes večer, Mirku?

2. -(já) Ano, _____.

3. -A co ty, Věrko? _____?

4. -Ano, já taky _____. Kdo bude hrát?

5. -Vítek, Katka, vy dva a já. Ale Vítek má zítra zkoušku. Takže (on ne-) _____ pozdě (late).

6. -Katka taky má zkoušku. Vítek a Katka asi _____ hrát jenom hned (immediately) po večeři.

7. -Ale vy dva _____ hrát pozdě?

(5.36) Co musíte koupit, když chcete … What do you have to buy in the following situations?
1. Chcete číst knihu, ale žádné knihy nemáte.

_____

2. Chcete uvařit brambory, ale nemáte doma žadné brambory.

_____

3. Chcete upéct koláč, ale nemáte doma žadný cukr (sugar).

_____

4. Chcete hrát fotbal, ale nemáte míč.

_____

5. Chcete pít kávu, ale doma kávu už nemáte.

_____

6. Máte hlad, ale nemáte doma vůbec nic.

_____

(5.37) Co musí udělat? What do they have to get done?
1. Ivana píše esej o Josefu Škvoreckém. Ale ještě nekoupila knihu, nečetla knihu, nepsala poznámky (notes)

Ivana ještě musí … _____

_____

2. Mirek chce vařit večeři. Ale ještě nekoupil zeleninu, neuvařil vodu na zeleninu, neuvařil ani brambory. (ani - not even)

Mirek ještě musí … _____

_____

(5.38) Doplňte modální slovesa. Fill in the modal verbs. Remember that for polite invitations the negative forms of verbs are often used.

1. -_____ (do you want) hrát v sobotu tenis? Máš volno?

   -Mám volno, ale _____ (I don't know how) hrát tenis.

2. -Hraješ golf? _____ v pátek hrát?

   -_____ (I want to), ale _____ (I can't). Prodal jsem své golfové hole. Ale v sobotu nebo v neděli si _____ (I want) koupit nové, tak _____ (we can) příští týden hrát.

(5.39) Kdo může hrát tenis? Kdo nemůže? Kdo neumí?
Vzor: Ilona nemá tenisky.
       → Nemůže hrát tenis.

1. Ilona nemá tenisovou raketu. _____

2. Pavel nikdy tenis nehrál. _____

3. Přemysl má tenisovou raketu. _____

4. Ale nikdy tenis nehrál. _____

5. Iveta nemá tenisové míče. _____

6. Vy? _____

B. Bohužel dnes nemůžu hrát tenis … Your Czech friends have asked you to play tennis with them. On a separate sheet of paper write 4 reasons why you cannot. Then make up a dialogue in which your friends invite you to play tennis and you decline, stating your reasons.

(5.40)   Bedřich a Olga chtějí uvařit večeři.   Bedřich and Olga want to make supper for their guests.   They have made a list of what they have and don't have.

Mají	Nemají
rýže	brambory
těstoviny	ryba
rajčata	okurky
zelí	papriky
salát	vepřové
kuře	houby (mushrooms)
mléko	
máslo	

A.   Co můžou uvařit?

On a separate sheet of paper write 10 sentences about what they can and cannot cook, based on the list of what they have and don't have.

Vzor: Můžou uvařit rýži, ale nemůžou uvařit brambory.   Musí koupit brambory.

B.   Chtějí připravit těstoviny, houbovou omáčku (mushroom sauce), rybu a salát.

1. Co musí dělat?   Co musí koupit?   Co musí připravit?   Co musí uvařit?

_____

_____

_____

2. Co mají udělat nejdříve?   A co potom?   In what order should they do these things?

_____

_____

_____

C.   Něco o sobě.

1.   Co budete jíst dnes večer k večeři? _____

2.   Co uvaříte a co upečete? _____

3.   Co musíte nejdříve koupit? _____

4.   Co musíte dělat potom? _____

(5.41) Dialog.
A. Doplňte slovesa *prodávat / prodat* a *kupovat / koupit*. Fill in the verbs of buying and selling.
-Dobrý den, tady Havránek.

-Dobrý den. Viděla jsem váš inzerát v Lidových novinách. Ještě máte to kolo?

-Ano. Je skoro nové, dcera ho nedávno _____, ale teď má malé dítě, tak nemá čas.

-Jak staré je to kolo?

-Tři roky. Ale nejezdila na něm moc, tak je skoro jako nové. _____ jsme ho za deset

ale _____ ho za šest tisíc korun.

-Můžu se na něj podívat?

-Samozřejmě, v pondělí večer?

-V pondělí večer mám čas.

B. On a separate sheet of paper write your own version of the above dialogue.

(5.42) Co si musí koupit a co chtějí prodat?
A. Co si musí koupit? The following people want to start doing different sports. Write what they must buy.
Vzor: Jitka chce bruslit.
→ Jestli chce Jitka bruslit, musí si koupit nové brusle.

1. Jitka chce bruslit. _____

2. Jaroslava chce hrát tenis. _____

3. Jiří chce jezdit na kole. _____

4. Věra chce hrát hokej. _____

5. Miroslav chce lyžovat. _____

B. Co chtějí prodat?

1. Michal koupil lístky na fotbal, ale musí se učit. _____

2. Jana má doma krásné lyže, ale už dva roky nelyžovala.

   _____

3. Kateřina hrála tenis na univerzitě, ale teď už na to nemá čas.

   _____

4. Pavel bruslil, když bydlel v Čechách, ale teď bydlí v Texasu.

   _____

5. Vy?

   _____

(5.43) Doplňte osobní zájmena v instrumentálu. Put the personal pronouns into the instrumental case.

1. Honzo, Milena bude dnes se (já) _____ hrát fotbal.

2. Nechceš taky s (my)_____ hrát?

3. Běhá Karel s (vy) _____ každý týden?

4. Ano, běhá se (já) _____ každou sobotu.

5. Obvykle Hynek jezdí na kole s (ona) _____ a s (on) _____.

6. Ale zítra bude lyžovat s (oni) _____.

7. Bude Petra zítra cvičit s (ty) _____?

8. Ano, bude cvičit se (já) _____?

(5.44) Článek o prvních Olympijských hrách. On a separate sheet of paper make up a biography of an imaginary athlete who participated in first Olympics in 1896. Answer the following questions:

> Jak se jmenoval/a sportovec nebo sportovkyně?
> Jaký sport dělal/a?
> Kdy se narodil/a?
> Kde bydlel/a jako dítě?
> Studoval/a? Co studoval/a?
> Kde studoval/a?
> Vyhrál/a medaili na prvních Olympijských hrách?
> Jakou měl/a kariéru po Olympijských hrách? (Pracoval/a jako …)
> Kdy zemřel/a?

(5.45) Eseje. Choose 2 of the following topics and write a paragraph about each.

1. Sporty, které jste dělal/a jako dítě.
2. Sporty, které teď děláte.
3. Sporty, které asi budete dělat, až dokončíte studium a budete pracovat.

Some questions to address (switch to past or future as needed):
a) Které sporty děláte?
b) Jak často sportujete?
c) Kolik hodin trénujete?
   Děláte sport rekreačně, nebo také závodíte? (závodit - to compete)

Šestá lekce, první část
Chapter 6, Part 1

(6.1) Kde jsou studenti? Where might you find students?
A. Answer in a full sentence, using the prepositional case of at least 4 places.

1. _____

2. _____

3. _____

4. _____

B. Co tam dělají? Give two activities for each place.

1. _____

2. _____

3. _____

4. _____

(6.2) Jan Procházka je profesor na katedře české literatury. Napište o tom, co dělá profesor Procházka. Write sentences about what professor Procházka does.
A. O čem a o kom přednáší? (přednášet - to lecture). Put into the locative case.

1. česká literatura _____

2. Milan Kundera _____

3. Josef Škvorecký _____

4. Václav Havel _____

5. Jan Procházka a Lenka Procházková _____

6. Michal Viewegh _____

Write parts B and C on a separate sheet of paper. Write at least 4 sentences for each.

B. Občas přednáší i o americké a kanadské literatuře. Co myslíte, o kom přednáší?

C. V minulém semestru (last semester) přednášel o evropské literatuře. Co si myslíte, o čem a o kom přednášel?
Vzor: Přednášel o anglické literatuře a o anglických spisovatelích Charlesu Dickensovi a Rudyardu Kiplingovi.

Word study: Verbs of teaching and studying

To say that you are *teaching* a course, use the verb *učit* (without *se*) and the accusative case. To say that you are taking a course, use the verb *učit se*. This verb is usually used with the accusative case form of the course, but the dative case is also possible.

> Chci v Praze učit angličtinu.
> I want to teach English in Prague.

> Chci se učit českou literaturu (české literatuře).
> I want to study Czech literature.

Recall from Chapter 2 that for language study adverbs are used.

> Chci se učit česky v České republice.
> I want to study Czech in the Czech republic.

The verb *učit se* can be used with other verbs to indicate the process of learning a skill, such as swimming. Use either *učit se* or *studovat* with subjects like history and biology that do not necessarily imply learning specific skills. *Studovat* generally implies a greater depth of study.

> Učíme se plavat.
> We're learning how to swim.

> Učíme se české dějiny. Studujeme české dějiny.
> We're studying Czech history.

To say that you are studying, doing homework or preparing for a test, use the verb *učit se*.

> Radši se učím v knihovně než doma.
> I prefer to study in the library than at home.

To say that you have learned how to do something, use the perfective aspect, which indicates completion.

> Už jsme se naučili plavat.
> We've already learned how to swim.

> Až se naučím trochu česky, pojedu do Prahy a budu tam pracovat.
> When I learn some Czech ("when I will have learned") I'll go to Prague and work.

to teach	učit
to study	studovat or učit se
to study, do homework or prepare for a test	učit se
to take a course or learn a skill	učit se

(6.3) Doplňte slovesa *učit, učit se* nebo *studovat*. Fill in forms of the verbs *učit, učit se* or *studovat*.

A. 1. Jirka bydlí v Praze. _____ lékařství na Karlově univerzitě.

2. V prvním ročníku (year) _____ biologii a chemii.

3. Jeho přítelkyně Marcela _____ německou literaturu na filosofické fakultě.

_____ spolu každý den.

B. 1. Robert je Američan. Teď je v Čechách. _____ česky v jazykové

škole a _____ film na filmové akademii.

2. Také _____ angličtinu v jazykové škole.

Subjects and schools

Kdo	Obor - Major	Škola - University or college	Fakulta - School	Katedra - Department
Hanka	české dějiny	Karlova univerzita	filosofická fakulta	katedra českých dějin
Aleš	lékařství	Karlova univerzita	lékařská fakulta	katedra interní medicíny
Lenka	film	Karlova univerzita	filosofická fakulta	katedra filmové vědy
Martina	právo	Karlova univerzita	právnická fakulta	katedra mezinárodního práva
Jaromír	matematika	Karlova univerzita	matematicko-fyzikální fakulta	katedra algebry
Vít	fyzika	Karlova univerzita	matematicko-fyzikální fakulta	katedra teoretické fyziky
Jaroslava	biologie	Karlova univerzita	přírodovědecká fakulta	katedra biologie mikroorganizmů
Milena	chemie	Karlova univerzita	přírodovědecká fakulta	katedra organické chemie
Ivana	česká literatura	Karlova univerzita	filosofická fakulta	katedra české literatury
Jana	mezinárodní obchod (international business)	Vysoká škola ekonomická	obchodní fakulta	katedra mezinárodního obchodu
Lucie	návrhařství (design)	Vysoká škola umělecko-průmyslová	fakulta užitého umění	katedra obalové techniky
Alena	film	Filmová akademie muzických umění (FAMU)	fakulta filmařská	katedra dokumentárního filmu
Ludmila	ekonomie	Vysoká škola ekonomická	fakulta obchodní (business)	katedra mezinárodního obchodu
Andrea	klavír (piano)	Akademie muzických umění (AMU)		
Petra	umění (art)	Akademie výtvarních umění	sochařstvá fakulta	

(6.4) Přečtěte si o českých studentech a českých školách v tabulce. Read the chart of Czech students and schools on the previous page.

A. Co a kde studují? On a separate sheet of paper, write sentences about 8 of the students in the chart, saying what and where they study.
Vzor: Hanka studuje české dějiny. Studuje na Karlově univerzitě na filosofické fakultě.

B. Představte si, že jste student/ka v Praze. Co studujete? Na které fakultě jste? Co studují vaši kamarádi? On a separate sheet of paper, write 6 sentences about yourself and your friends.

C. Co chtějí dělat po univerzitě? On a separate sheet of paper, ascribe possible professions to the 8 people about whom you wrote in part A.
Vzory: Hanka (české dějiny)
    → Hanka chce učit české dějiny.
    Jiří (business)
    → Jiří chce pracovat jako podnikatel.

(6.5) Které české spisovatele čtete? Představte si, že máte přednášku z české literatury. Imagine that you're taking a Czech literature course.
Recall the accusative singular endings for masculine animate nouns:
Vzory: Jan Nový a Tomáš Procházka → Čteme Jana Nového a Tomáše Procházku
                    hard noun; adjective; soft noun; noun in -a

1. Karel Čapek: _____

2. Jaroslav Hašek: _____

3. Václav Havel: _____

4. Bohumil Hrabal: _____

5. Milan Kundera: _____

6. Karel Hynek Mácha: _____

7. Jaroslav Seifert: _____

8. Josef Škvorecký: _____

9. Vladislav Vančura: _____

10. Jáchym Topol: _____

11. Ivan Diviš: _____

12. Jan Neruda: _____

(6.6) Koho rád/a čte? Koho má rád/a? You are in a bookstore looking for presents for your friends and family. Which writers do they like to read? On a separate sheet of paper, write sentences about 5 of your friends and family members.
Vzor: Můj kamarád Karel rád čte Tolstého. Má rád Tolstého.

(6.7) Odpovídejte na otázky. Answer the questions.

1. Které spisovatele rád/a čtete?_____

_____

2. Které předměty máte rád/a? (předmět - school subject) _____

_____

3. Které předměty mají rádi vaši kamarádi?_____

_____

(6.8) Srovnejte. Compare.

A. Kdo má raději co? On a separate sheet of paper write 5 sentences, combining people and subjects from the columns below.

Vzor: Ivan má matematiku raději než fyziku.

Kdo:	*Co:*
Vlastimil	algebra, fyzika
Jarmila	filozofie, literatura
Kateřina	chemie, geologie
Matěj	literatura, obchod
Zuzana	lingvistika, biologie

B. Napište o vašich kamarádech. On a separate sheet of paper, write sentences about the academic interests of four of your friends.

(6.9) Dejte do správného pádu. Put into the correct case.

	To je …	Mluvím o …	To jsou…	Mluvím o…
1. učebnice	_____	_____	_____	_____
2. kolej	_____	_____	_____	_____
3. věc	_____	_____	_____	_____
4. povinnost	_____	_____	_____	_____
5. židle	_____	_____	_____	_____
6. skutečnost	_____	_____	*no plural forms*	

(6.10) Které předměty má rád Libor? Dejte do správného pádu. Put into the correct case.

		Má rád …	Mluví o …
1.	geologie	_____	_____
2.	chemie	_____	_____
3.	biologie	_____	_____
4.	literatura	_____	_____
5.	hudba	_____	_____
6.	obchod	_____	_____
7.	divadlo	_____	_____
8.	umění	_____	_____

(6.11) Čí je ten sešit? Write mini-dialogues asking and answering the question *čí* "whose".
Vzor: -Čí je ten sešit?
        -Ten sešit je můj.

1. kniha (her) _____

2. učebnice (your) _____

3. sešity (your) _____

4. pera (your) _____

5. tužky (our) _____

6. židle (my) _____

7. batoh (your) _____

8. dům (our) _____

9. dítě (their) _____

10. děti (his) _____

(6.12) Jak se to řekne česky? Give Czech equivalents.

1. -Did professor Mach read our stories yet? _____

2. -He has not read them all yet. _____

3. -He read yours and hers, but not mine. _____

    _____

4. -But in class he talked about our poems. _____

(6.13) To je mapa … You are looking through an atlas. What maps do you see?
Vzor: To je mapa Německa.

1. Washington _____
2. Londýn (gen. -a) _____
3. Berlín (gen. -a) _____
4. Kanada _____
5. Evropa _____
6. Anglie_____
7. Asie _____
8. Slovensko_____

(6.14) Josef Novák je profesor literatury. Say that the following people are professors "of" their subjects.
Vzor: Josef Novák učí literaturu.
    → Je profesor literatury.

1. Edita Mrázová učí fyziku._____
2. Karel Čapoun učí angličtinu. _____
3. Ferdinand Poštulka učí matematiku. _____
4. Martina Jirásková učí chemii. _____
5. Olga Podzimková učí film. _____
6. Josef Přib učí obchod. _____
7. Jaromír Návrat učí lékařství. _____
8. Heřman Krušina učí právo. _____

(6.15) Odkud je Bedřich? Napište věty.
Vzor: Bedřich je z Plzně.

1. Ivan, Český Krumlov (-a) _____
2. Laďa, Dobrá Voda _____
3. Tomáš, Dolní Lhota _____
4. Eva, Nový Benešov (-a) _____
5. Miroslav, Malá Skála _____

Exercise (6.15) continues on the next page.

Exercise (6.15), continued

6. Pavel, Větrný Jeníkov (-a) _____

7. Karel, Nové Město _____

8. Jiří, Kamenný Přívoz _____

9. Věra, Kostelní Hlavno _____

10. Ondřej, Česká Skalice _____

(6.16)   Od koho je tento román?   Write who wrote each of the following literary works or directed the films. Use the preposition *od* + the genitive case to mean "by".
Vzor: *Obyčejný život* (*An Ordinary Life*) - Karel Čapek
      → To je román od Karla Čapka.

A. To jsou romány od koho?

1. *Obsluhoval jsem anglického krále* (*I Served the King of England*) - Bohumil Hrabal

_____

2. *Žert* (*The Joke*) - Milan Kundera _____

3. *Babička* - Božena Němcová _____

4. *Kočičí životy* (*Cat's Lives*) - Eda Kriseová _____

5. *Zbabělci* (*The Cowards*) - Josef Škvorecký _____

6. *Láska a smetí (Love and Garbage)* - Ivan Klíma _____

B. To jsou hry od koho? (hra - play)

1. *R.U.R.* - Karel Čapek _____

2. *Audience* - Václav Havel _____

3. *Sbohem, Sokrate!*- Josef Topol _____

C. To jsou povídky od koho? (povídka - short story)

1. *Směsné lásky* (*Laughable Loves*) - Milan Kundera _____

2. *Daleko od stromu* (*Far From the Tree*)- Lenka Procházková _____

3. *Povídky z jedné kapsy* (*Pocket stories*) - Karel Čapek _____

D. To jsou filmy od koho?

1. *Ostře sledované vlaky* (Closely Watched Trains) - Jiří Menzel (→ Jiřího)

_____

2. *Vlasy* (Hair) - Miloš Forman _____

3. *Kolja* - Jan Svěrák _____

(6.17) Whose films do you watch in a Czech film class? Díváme se na filmy od ...

1. Miloš Forman _____

2. Jan Němec _____

3. Jan Švankmajer _____

4. Věra Chytilová _____

5. Vojtěch Jasný _____

6. Jiří Trnka _____

(6.18) Fotografie. Dejte to genitivu. Put into the genitive.

1. Milena má fotografii (ten český student) _____

2. Má fotografii (ta německá studenka) _____

3. V novinách jsem viděl fotografii (to nové francouzské auto) _____

_____

(6.19) Karel je student prvního ročníku. Rewrite the following sentences following the model.
Vzor: Karel je v prvním ročníku.
       → Karel je student prvního ročníku.

1. Martin je v druhém ročníku. _____

2. Helena je ve třetím ročníku. _____

3. Martina je v pátém ročníku. _____

4. Jarmila je ve čtvrtém ročníku. _____

(6.20) Co je v Dlouhé Lhotě? Describe the town Dlouhá Lhota, using the numbers in parentheses.
Vzor: V Dlouhé Lhotě jsou *čtyři restaurace*.

1. škola (4) _____

2. divadlo (3) _____

3. pošta (1) _____

4. kino (4) _____

5. parkoviště (2) _____

6. park (3) _____

(6.21) Co je v Praze? Write that there are many of each of the following in Prague.
V Praze je mnoho …

1. kostel _____   9. knihkupectví _____

2. věž (f., tower) _____   10. park _____

3. muzeum _____   11. Čech _____

4. galerie _____   12. turista (m.) _____

5. kino_____   13. auto _____

6. divadlo _____   14. parkoviště _____

7. antikvariát _____   15. náměstí _____

8. knihovna _____ . 16. student _____

(6.22) Co je ve vašem městě?
A. Rewrite with the numbers five and above, as given.
1. jeden velký park → pět _____

2. jeden moderní kostel → šest _____

3. jedno nové kino → sedm _____

4. jedno malé parkoviště → osm _____

5. jedna známá univerzita → pět _____

B. Napište, kolik je těchto věcí ve vašem městě. On a separate sheet of paper, write how many
of the places in Part A there are in your town. Add 3 other places of your choice.
Vzor: V našem městě jsou dvě známé univerzity. Je sedm kin...

(6.23) České obchody. The Czech names for stores frequently derive from the kinds of products
sold there. Write sentences following to the model. Note that for "mass" nouns the genitive
singular will be used.
Vzor: knihkupectví (kniha)
        → Knihkupectví je prodejna knih.

1. papírnictví (papír, sešity, tužky, pera) → _____

2. pekárna (chléb, rohlíky a housky) → _____

3. antikvariát (staré knihy) → _____

4. cukrárna (dorty, koláče) → _____

5. květinářství (květiny, f.) → _____

(6.24) Čí je to? ... Whose are...
Vzor: To jsou učebnice *mého bratra.*

1. To jsou knihy (tvoje sestra) _____

2. To je svetr (vaše matka) _____

3. To je auto (váš soused) _____

4. To je dům (jeho kamarád) _____

5. To jsou klíče (tvůj bratr) _____

6. To jsou učebnice (naši přátelé) _____

7. To jsou batohy (vaše kamarádky) _____

8. To je sešit (můj spolubydlící) _____

9. To je škola (naše děti) _____

10. To je chata (moji rodiče) _____

(6.25) Máte mnoho nebo málo jídla? Check in your kitchen and on a separate sheet of paper write about 6 things that you have or do not have there. Use the vocabulary from the beginning of Chapter 3.
Vzor: Mám mnoho čaje, ale málo mléka.

(6.26) What does your doctor tell you to eat or drink? Choose 5 foods and drinks from Chapter 3 and say if you should eat and drink a lot or a little of them.

Musím jíst mnoho _____,

ale málo _____.

(6.27) On a separate sheet of paper, write 5 sentences comparing how you and your parents eat. Use the words *méně* "less" and *více* "more" with the genitive case.
Vzor: Jím méně masa než moji rodiče.

(6.28) Fotografie. Dejte to genitivu. Put into the genitive case.
Vzor: naše rodina → To je fotografie naší rodiny.

1. naše babička _____   6. moje mladší sestra _____

2. náš dědeček _____   7. moji starší bratři _____

3. naši rodiče _____   8. moje děti _____

4. naši sousedé _____   9. moje kamarádka Julie _____

5. naši přátelé _____   10. můj kamarád Lukáš _____

(6.29)

```
                        Rodina Jana Procházky

        Antonín Procházka (dědeček)  ❀  Božena Procházková (babička)
                                // 

              Eva (matka)  ❀  Tomáš (otec)
                      // 

Helena (manželka)  ❀  **JAN**  -  Renáta (sestra)  -  Milan (bratr)  -  František (bratr)
          // 

      Miloš (syn)  -  Libuše (dcera)
```

1. Kdo je dedeček Jana Procházky? Jak se jmenuje? _____

2. Jak se jmenuje jeho manželka? _____

3. Čí babička je Božena Procházková? _____

4. Čí sestra je Renáta? _____

5. Čí děti jsou Miloš a Libuše? _____

(6.30) Čí knihy má Pavla? Pavla has borrowed many books. Match up words from each column
and write 6 sentences about whose books she has.
Vzor: kniha, její sousedé
        → Má knihý *svých sousedů*.

Knihy   *Lidé*
kniha   její soused/ka
učebnice (češtiny)   její sousedé
slovník   její spolubydlící
                           její přátelé
                           náš učitel (češtiny)
                           naše učitelka (němčiny)
                           náš profesor
                           naše profesorka

1. _____

2. _____

3. _____

4. _____

5. _____

6. _____

(6.31) Sloveso *jít*. The verb "to go".
A. Doplňte sloveso *jít* v přítomném čase. Fill in present-tense forms of the verb *jít* "to go".

1. Já _____ na univerzitu.   5. Kam _____ ty?

2. Alena _____ do obchodu.   6. Karel _____ na přednášku.

3. To dítě _____ do parku.   7. My _____ do kina.

4. Vy _____ do knihovny.   8. Karel a Alena _____ na koncert.

B. Doplňte slovesa *jít* v minulém čase. Fill in past-tense forms of the verb *jít* "to go".
1. Já _____ na univerzitu.   5. Kam _____ ty?

2. Alena _____ do obchodu.   6. Karel _____ na přednášku.

3. To dítě _____ do parku.   7. My _____ do kina.

4. Vy _____ do knihovny.   8. Karel a Alena _____ na koncert.

(6.32) Kam jdou? Napište, že každý jde do práce. Write that each person is going to work.
Vzor: Miloš pracuje v knihkupectví.
→ Jde do knihkupectví.

1. Milan pracuje v knihovně. _____

2. Pavel pracuje v obchodě. _____

3. Martina pracuje na univerzitě. _____

4. Věra pracuje na poště. _____

5. Jaroslava pracuje na hradě. _____

6. Karolína pracuje v kanceláři. _____

7. Arnošt pracuje v knihkupectví. _____

8. Břetislav pracuje v obchodním domě. _____

(6.33) Kam jde? Kde je? Fill in the prepositions and put the places in the correct case. Be sure to distinguish between destinations (*Kam jde?*) and locations (*Kde je?*).

1. Helena jde (univerzita) _____ _____ (knihovna) _____ _____.

2. Pracuje (univerzita) _____ _____ (knihovna) _____ _____.

3. Matěj jde (přednáška) _____ _____. Bude _____ _____.

4. Odpoledne budu (přednášky) _____ _____ a večer půjdu

    (kino) _____ _____.

5. Půjdu (nový český film) _____ _____.

(6.34) Co musíte dnes udělat? What do you have to get done today?
A. In what order will you get these things done? Write numbers in the blanks.
      _____ jít do menzy na oběd
      _____ jít domů
      _____ jít na hodinu češtiny
      _____ jít na přednášku (z čeho - fill in according to your classes)
      _____ jít spát
      _____ jít na univerzitu
      _____ přečíst tři povídky Ivana Klímy
      _____ napsat o nich esej
      _____ udělat domácí úkol z češtiny

B. On a separate sheet of paper write in what order you will get the things from Part A done. Remember to use the future tense (perfective) form of *jít* for the places that you have to go to.
Vzor: Nejdříve udělám domácí úkol z češtiny. Potom půjdu na univerzitu.

(6.35) Chci jít s tebou, ale nemůžu. I want to go with you, but I can't.
On a separate sheet of paper translate the following excuses.

1. I want to go with you, but I can't. I have to go to the library.
2. I have to go home.
3. I have to go to my professor's office hour.
4. I have to write an essay.
5. I have to read through this novel.
6. I have too much work.
7. I have too little money. (peníze → gen. peněz)
8. I don't have any money.
9. I don't have time.
10. I have a test tomorrow.
11. I have a visitor ("a visit" - náštěva) from the Czech Republic.
12. ?

(6.36) Mám lístky na operu. Mám lístky do divadla.
A. Fill in *na* or *do* and put the event into the correct case.
B. On a separate sheet of paper write sentences saying that you will go to 5 of these places. Use a different time expression for each.
Vzor: Dnes večer jdeme do divadla.

1. divadlo _____   5. koncert _____

2. nová hra _____   6. hokej _____

3. kino _____   7. balet _____

4. opera _____   8. fotbal _____

(6.37) Clock time.
A. Kolik je hodin? What time is it? Write out the time on the hour.
Vzory: 1.00 → Je jedna hodina.
        3.00 → Jsou tři hodiny.
        7.00 → Je sedm hodin.

1. 4.00 _____   6. 12.00 _____

2. 2.00 _____   7. 5.00 _____

3. 9.00 _____   8. 10.00 _____

4. 7.00 _____   9. 3.00 _____

5. 1.00 _____   10. 11.00 _____

B. Kolik bylo hodin? What time was it? Rewrite 4 of the times from Part A in the past tense.
Vzor: 2.00 → Byly dvě hodiny.

1. _____   3. _____

2. _____   4. _____

(6.38) Kdy začíná film? Kdy končí?
A. When do the following events begin and end? Since the events are expressed as parts of schedules, they are written out in military time.
Vzor: Film začíná v pět hodin odpoledne a končí v sedm.

1. film, 20.00, 22.00 _____

2. hra, 14.00, 17.00 _____

3. opera, 20.00, 23.00 _____

4. mejdan, 20.00, 2.00 (v noci) _____

(6.39) František wants to get A's instead of C's. What do you advise him to do?
On a separate sheet of paper, write 8 sentences about what František should do.
Vzor: František se musí přestat dívat na televizi. Musí začít psát domácí úkoly.

Co dělá: pije pivo každý večer
              spí na přednáškách
              mluví česky na hodině angličtiny
              dívá se na televizi, když se má učit
              dívá se z okna, když profesoři přednáší
Co nedělá: neučí se na zkoušky
              nepíše domácí úkoly
              neučí se v sobotu a v neděli
              nikdy nic nečte

(6.40) Nechceš jít s námi? Doplňte zájmena v instrumentálu. Fill in instrumental case
pronouns.

1. Nechceš jít s (my) _____ do kina?

2. Nechceš jít s (on) _____ na koncert?

3. Nechceš jít s (ona) _____ na večeři?

4. Nechce Honza jít s (vy) _____ do kina?

5. Nechce Ludmila jít s (oni) _____ na přednášku?

6. Chci jít s (ty) _____ do kavárny.

(6.41) Doplňte přítomný čas slovesa *jet*. Fill in present-tense forms of the verb *jet*.

1. (Já) _____ do Brna autobusem (by bus).

2. Kdy (ty) _____ do Českého Krumlova?

3. Kam _____ Jarmila na letní prázdniny?

4. (my) _____ do České republiky.

5. Kdy (vy) _____ na Slovensko?

6. Ivana a Marcela _____ do Vídně autem (by car).

(6.42) Jedou nebo jdou? Doplňte *jít* nebo *jet*. Fill in the correct form of the verb *jít* or *jet*. Use *jet* only for long distance travel.

1. Kam (vy) _____ na prázdniny?

2. Letos na prázdniny (my) _____ do Prahy. (letos - this year)

3. Hanko, kam (ty) _____ dnes večer?

4. (já) _____ do kina.

5. Milane, _____ v sobotu do Brna?

6. Ne, _____ do Telče.

7. _____ Katka a Honza do Itálie na prázdniny?

8. Ne, _____ do Francie.

9. Kam _____ dnes večer?

10. Já _____ na koncert, a Jaroslav a Filip _____ do kina.

(6.43) Jak se to řekne česky? What questions would you ask in the following situations?

1. You want to know if your roommate is going anywhere this weekend.

   _____

2. You want to know if your roommate is going with you to a party.

   _____

3. You are asking a friend if he or she went to Prague last year (loni - last year).

   _____

4. You see a friend walking down the street, carrying a pile of books.

   _____

(6.44) *Jedou* nebo *jedí*? Are they going or are they eating? Fill in the verb "to go" or "to eat".
A. Doplňte *jedou* nebo *jedí*. Fill in present-tense forms *jedou* or *jedí*.

1. Martina a Hynek _____ ovocné knedlíky.

2. Alena a Vít _____ do Českých Budějovic.

3. Zítra _____ Helena a Jaroslav na venkov.

4. Na venkově _____ čerstvé ovoce a čerstvou zeleninu ze zahrady.

5. Kam _____ Libor a Lukáš? Co _____?

Exercise (6.44) continues on the next page.

Exercise (6.44), continued

B. Doplňte *jeli* nebo *jedli*. Fill in past-tense forms *jeli* or *jedli*.

1. Marta a Hynek _____ do Pardubic.

2. V autě _____ rohlíky a sýr.

3. Kam _____ Jarmila a Milena? Co _____?

(6.48) Imagine that you are planning a humanities course on Czech culture.

A. Napište poznámky. Write notes, answering the following questions.
1. Čí romány budou studenti číst? Na jaké filmy se budete dívat?
2. Budete přednášet o české hudbě a umění? (hubda - music; umění - art)
3. Uděláte si výlety do českých restaurací? Co si tam dáte?

B. Write a short essay about the course.

Sedmá lekce, první část
Chapter 7, Part 1

(7.1) Monika měla nedávno narozeniny. Jaké dárky dostala? On a separate sheet of paper write 10 sentences about the gifts that Monika received, matching up any combination of people and presents.

Vzor: Monika dostala knihu od svého kamaráda Milana.
        Monika got a book from her friend Milan.

Lidé	Dárky
babička	kniha
dědeček	hodinky
matka	svetr
otec	čokoláda
(svůj) kamarád Milan	tričko
(svůj) kamarádka Iveta	voňavka
(svůj) přítel Prokop	prsten
sestra Jana	květiny
bratr Michal	náušnice
(svůj) teta a strýc	?

(7.2) Dárky. On a separate piece of paper write 8 sentences about gifts that you will buy for your relatives. Give a reason for each. Suggestions: the lists of gifts at the beginning of Chapter 7 and sports equipment at the beginning of Chapter 5.

Vzor: Pro svoji sestřenici Sáru koupím hokejku, protože ráda hraje hokej.

(7.3) Odpovídejte na otázky. Answer the questions.

1. V kterém měsíci začíná zimní semestr na vaší univerzitě? (fall semester)

   _____

2. V kterém měsíci začíná letní semestr na vaší univerzitě? (spring semester)

   _____

3. V kterých měsících máte letní prázdniny? (summer vacation)

   _____

4. V kterém měsíci máte jarní prázdniny? (spring vacation)

   _____

5. Který svátek máte nejradši? V kterém měsíci je to?

   _____

6. V kterých měsících mají vaši spolubydlící nebo přátelé narozeniny?

   _____

(7.4) Svátky. Name days.

A. Přečtěte si seznam jmen a svátků. Read the list of common name days and their dates. Note that in Czech the day precedes the month.

Jaroslav	27.4	Milan	18.6	Bedřich	1.3
Věra	8.10	Lucie	13.12	Hynek	1.2
Václav	28.9	Martin	11.11	Ilona	20.1
Michaela	19.10	Adam a Eva	24.12	Jarmila	4.2
Vladimír	23.5	Zuzana	11.8	Josef	19.3
Ludmila	16.9	Karel	4.11	Karina	2.1
Ivana	4.4	Laura	1.6	Lenka	21.2
Jiří	24.4	Vít	15. 6	Matěj	24.2
Michal	29.9	Barbora	4.12	Milena	24.1
František	4.10	Mikuláš	6.12	Miloš	25.1
Stanislav	7.5	Jan	24.6	Miroslav	6.3
Vojtěch	23.4	Antonín	13.6	Petr	22.2
Monika	21.5	Metoděj	5.7	Tomáš	7.3
Andrea	26.9	Kateřina	25.11	Zdeněk	23.1

B. From the chart of name days in Part A, choose 8 people and write sentences on a separate sheet of paper about when they have their name days.

Vzor: Ludmila má svátek šestnáctého září.

(7.5) Dativ nebo akuzativ?

A. Circle the indirect objects in the following sentences.

B. Underline the direct objects in the following sentences.

1. What are you giving Markéta for her birthday? Are you going to buy her something?
2. I'll probably bake her a cake.
3. Last night I wrote a letter to my parents. I need to send it to them this afternoon.
4. I hope they will send me some money.
5. Tell me if you need tickets to the play. I have some extra ones from the director and can give you some.
6. Have you given Mikuláš back his dictionary? He told me he was looking for it.
7. When are you going to take these books back to the library? Give them to me - I'll take them.
8. What did you get for your birthday from your sister? Did she bring you something from Prague?
9. I told Lisa to come at 6:00, but I didn't tell her that I was going to make Czech dumplings for her. I wanted to surprise her.
10. Why are you writing a letter to Václav? Why don't you just send him an e-mail message? I'm sending him a card to wish him a Happy Birthday.

(7.6) Dejte do lokativu a do dativu: O kom mluvíte? Komu dáte dárek?

	Mluvím o....	Dám dárek...
1. Helena	_____	_____
2. Renata	_____	_____
3. Laura	_____	_____
4. Monika	_____	_____
5. Helga	_____	_____
6. Barbora	_____	_____
7. Jaroslav	_____	_____
8. Jarda	_____	_____
9. Hynek	_____	_____
10. Karel Psohlavec	_____	_____
11. Milan Procházka	_____	_____
12. Pepa Novák	_____	_____
13. Lukáš	_____	_____
14. Libuše	_____	_____
15. Tomáš Mikeš	_____	_____

(7.7) David jede do České republiky. Komu napíše dopis? Dejte do dativu.

1. matka _____   6. sestra _____

2. otec _____   7. bratr _____

3. dědeček _____   8. babička _____

4. přítelkyně (sg.) _____   9. strýc _____

5. sestřenice (sg.) _____   10. bratranec _____

(7.8) Co jim koupíte? You're planning a trip to the Czech Republic and expect to meet many famous Czechs. What gifts will you get for them?

1. Jan Svěrák (režisér) _____

2. Ivan Klíma (spisovatel) _____

3. Václav Havel (prezident) _____

4. Daniela Fischerová (spisovatelka) _____

Exercise (7.8) continues on the next page.

Exercise (7.8), continued

5. Ondřej Havelka (herec)_____

6. Michal Viewegh (spisovatel) _____

7. Lenka Vlasáková (herečka) _____

8. Věra Chytilová (režisérka) _____

(7.9) Lenka a Petr kupují v Praze suvenýry. Using the gifts below write mini-dialogues on a separate sheet of paper about what Lenka and Petr will buy the following people and how much their gifts will cost. Write out the numbers. Prices are given in Czech crowns (koruna česká).

Vzor: -Koupím starší sestře granátové náušnice.
       -Jsou hezké. A kolik stojí?
       -Stojí šest set padesát osm korun. A co koupíš tvému sousedu Pavlovi?
       -Asi mu koupím knihu o Praze.

fotografie Karlova mostu - 250 Kč   granátové náušnice - 640 Kč
váza z broušeného skla - 2090 Kč   stříbrný náhrdelník - 425 Kč
sklenice na víno - 160 Kč za kus (apiece)   kniha o Praze - 490 Kč
keramika - 575 Kč   loutka (marionette) - 350 Kč
dřevěný pes - 190 Kč   kalendář - 65 Kč

1. mladší sestra   4. nejlepší přítel Ivan
2. starší bratr   5. malý bratranec
3. hezká kamarádka Milada   6. milá teta

(7.10) Dejte do lokativu a dativu. Put the following words into the locative and dative case.

A.	O kom mluvíte?	Naproti komu sedíte?
1. Tomáš Vorel		
2. Rudolf Hrušinský		
3. Jaromil Jireš		
4. Eva Randová		
5. ten bohatý doktor		
6. ta mladá právnička		
7. ten nový herec		
8. ta německá herečka		
9. ten český sportovec		
10. ta známá sportovkyně		

Exercise (7.10) continues on the next page.

Exercise (7.10), continued

B.	Kde jste? (v/na)	Naproti čemu bydlíte?
1. ta vysoká kolej	_____	_____
2. ta francouzská restaurace	_____	_____
3. to velké parkoviště	_____	_____
4. ten obchodní dům	_____	_____
5. ten malý park	_____	_____
6. hlavní nádraží	_____	_____
7. hlavní pošta	_____	_____
8. ten malý antikvariát	_____	_____

(7.11) Co je naproti čemu?   What is across from what?
A. Describe Prague, using the clues given.
Note that genitive phrases within names or titles stay in the genitive case: *To je kostel svatého Jakuba. Naproti kostelu svatého Jakuba.*
Vzor: naše kolej, malá hospoda
→ Naše kolej je naproti malé hospodě.

1. prezidentská kancelář, chrám svatého Víta _____

   _____

2. socha svatého Václava, Národní muzeum _____

   _____

3. Týnský chrám, Staroměstská radnice _____

   _____

4. muzeum Franze Kafky, kostel svatého Mikuláše _____

   _____

5. Hlavní pošta, papírnictví a francouzská kavárna _____

   _____

B. Co je naproti vašemu domu? Describe your street. What is opposite your house/building?

_____

_____

(7.12) Kam jdou Lucka and Tonda?

A. Ke komu jdou?

1. babička a dědeček _____

2. Helena Nováková a Antonín Nový _____

3. nová profesorka _____

B. K čemu jedou?

1. Staroměstské náměstí (towards) _____

2. Český Krumlov (towards) _____

3. Dobrá Voda (towards) _____

4. Černé moře _____

(7.13) Kam šli? Rewrite the following sentences, using the verb *jít* in the past tense.
A. People.
Vzor: Jaromír byl u Věry. → Jaromír šel k Věře.
1. Jaroslav byl u Michala a Zuzany. _____

2. Bedřich byl u babičky a dědečka. _____

3. Jana byla u matky a otce. _____

4. Byla jsi u bratra. _____

5. Jaroslava a Šárka byly u kamaráda. _____

B. Events.
Vzor: Honza byl na opeře. → Honza šel na operu.
1. Byli jsme na koncertě. _____

2. Karel byl na novém filmu. _____

3. Eva byla na přednášce. _____

4. Julie byla na české hře. _____

5. Marek byl na hokeji. _____

C. Places.
Vzor: Marie byla ve škole. → Marie šla do školy.
1. Lenka byla v divadle. _____

2. Byli jste v knihkupectví. _____

3. Anna byla na univerzitě. _____

4. Karel byl v obchodě. _____

5. Byl jsem v kavárně. _____

(7.14) Dejte do dativu nebo do genitivu.
A. Ke komu jdou? Ke komu jedou?

1. Jedeš k (můj bratr) _____.

2. Karel jede k (její sestře) _____.

3. Jarmila jde k (náš profesor) _____.

4. Iveta jde k (jejich matka) _____.

5. Jaroslava jede k (jeho profesorka) _____.

6. Ivana jde k (vaše sestra) _____.

7. Martin jde k (tvůj otec) _____.

B. U koho budou?

1. Budeš u (můj bratr) _____.

2. Karel bude u (její sestře) _____.

3. Jarmila bude u (náš profesor) _____.

4. Iveta bude u (jejich matka) _____.

5. Jaroslava bude u (jeho profesorka) _____.

6. Ivana bude u (vaše sestra) _____.

7. Martin bude u (tvůj otec) _____.

(7.15) Už se vrátili? Have they already returned? (vracet se / vrátit se - to return)
Ask if the following people have returned. Remember to distinguish between z (parallel to v, na
for location) and od (parallel to u for location).
Vzor: Už se vrátila Helena z knihovny?

1. Karel byl v knikupectví. _____

2. Pavlína byla v kavárně. _____

3. Lenka a Hanka byly u matky. _____

4. Honza byl u moře. _____

5. Aleš a Jarmila byli na koncertě. _____

6. Pavel byl v divadle. _____

(7.16) Doplňte osobní zájmena v dativu. Fill in personal pronouns in the dative case.

1. Ivan (já) _____ koupil novou knihu.

2. Kdo (ty) _____ dal nové náušnice?

3. Co (vy) _____ dali k Vanocům rodiče?

4. Pavel bydlí naproti (my) _____ .

5. Olga jde zítra ke (já) _____ na návštěvu.

6. Petra bydlí naproti (on) _____ .

7. Dala (on) _____ koláč.

8. Iva pracuje naproti (ona) _____ .

9. Sedím naproti (oni) _____ .

(7.17) Ke komu jdete na návštěvu? Co jim dáte?
Vzor: Jdu na návštěvu k Ivanu Lendlovi a dám mu novou tenisovou raketu.

1. Jana Novotná (tenistka) _____

_____

2. Dominik Hašek (hokejista)_____

_____

3. Lukáš Pollert (kanoista) _____

_____

4. Martin Frýdek a Karel Jarolím (fotbalisté) _____

_____

5. Táňa Krempaská (volejbalistka) _____

_____

(7.18) Sloveso *říct*. Fill in future tense forms of the perfective verb *říct* "to say", "to tell". For the conjugation, see the vocabulary list at the end of Chapter 7.
1. (já) Něco vám _____ .

2. (vy) _____ Lídě o koncertě?

3. (my) _____ ti, co ti dáme, jestli nám _____ , co nám dáš ty.

4. Jaroslav _____ , jaké dostal k Vánocům dárky.

5. Katka a Alena ti _____ , kde můžeš koupit hezké granátové náušnice.

6. (ty) _____ mi, co chceš k narozeninám?

(7.19) Dialog. Fill in the blanks in the dialogue with appropriate phrases, according to the clues.

-Ahoj, Evo, _____!
            holiday greeting

-_____!
  response to the holiday greeting

-Něco pro tebe máme.

-Jé, _____! Jak jste věděli, že mám _____ ráda?
   gift   the gift (in plural if possible)

(7.20) Design a greeting card for a holiday of your choice. Use the greetings from the reading on holiday greetings in Chapter 7.

(7.21) Co může Martin dát babičkám a dědečkům k narozeninám? Before leaving Prague, Martin wants to buy birthday presents for his whole family for the coming year. What can he buy for the following people?
Vzor: Martin může koupit svým babičkám kalendáře.

1. babičky _____

2. dědečkové _____

3. rodiče (parents) _____

4. sestry _____

5. bratři _____

6. strýcové _____

7. tety _____

8. přátelé _____

9. přítelkyně _____

(7.22) Komu pošlete balík? It's the holidays and you are going to the post office with a lot of packages. To whom are you sending a package? Pošlu balík... (+ dative case)
1. ...všichni dobří kamarádi _____

2. ...všechny dobré kamarádky _____

3. ...starší sestry _____

4. ...mladší bratři _____

5. ...všichni malí bratranci (cousins, male) _____

6. ...všechny malé sestřenice (cousins, female) _____

(7.23) Dejte do dativu nebo do genitivu. Put into the dative or genitive case.
A. Ke komu jdou?
1. Ty děti jdou k (svoji rodiče) _____

2. Milena jde k (tvoji sousedé) _____

3. Olga jde k (svoji kamarádi) _____

4. Marcela jde k (naši přátelé) _____

5. Jaromír jde k (vaše učitelky) _____

6. Prokop jde k (moje přítelkyně, pl.) _____

7. Ivan jde k (jejich kamarádky) _____

B. U koho budou?
1. Ty děti budou u (svoji rodiče) _____

2. Milena bude u (tvoji sousedé) _____

3. Olga bude u (svoji kamarádi) _____

4. Marcela bude u (naši přátelé) _____

5. Jaromír bude u (vaše učitelky) _____

6. Prokop bude u (moje přítelkyně, pl.) _____

7. Ivan bude u (jejich kamarádky) _____

(7.24) Doplňte dialog. Fill in the dialogue.

-Znáš pohádku o _____?   (pohádka - story, fairy tale)
                        pejsek a kočička (pes a kočka)

-Ne. O _____ to je?
           co

-To je pohádka od _____ o tom, jak si pejsek a kočička pekli dort.
               Josef Čapek

Pejsek měl _____ a kočička měla _____.
            name day   birthday

Pejsek řekl _____, že musí dát do dortu všecko, co jedí nejraději.
           kočička   (put into the cake)

A tak dali do dortu opravdu všechno: _____,
                                milk, sugar, butter - accusative case

ale i cibuli, okurku, buřty, šlehačku a tak dále. (onion, cucumber, sausages, cream, etc.)

-A dali do toho i _____?
            chocolate (accusative)

-To víš, že ano.

-A co bylo potom? _____ pejsek a kočička ten dort?
                 (Did) they eat up

-_____.
        I won't tell you that.

Koupím _____ tu knížku a _____ tu pohádku sama (yourself).
       for you   you will read through

Sedmá lekce, druhá část
Chapter 7, Part 2

(7.25) Kolik je jim?
A. Write out how old the members of the following family are. Write out all numbers.
Vzor: Pavel Otčenášek se narodil v roce 1967.
      → Pavlu Otčenáškovi je (jedenatřicet) let.

1. Antonín Novák se narodil v roce 1925. _____

_____

2. Jeho manželka Božena se narodila v roce 1931. _____

_____

3. Jejich dcera Eva Přibová se narodila v roce 1954. _____

_____

4. Její manžel Josef se narodil v roce 1952. _____

_____

5. Jejich syn Tomáš se narodil v roce 1978. _____

_____

6. Jejich dcera Iva se narodila v roce 1981. _____

_____

B. Kolik jim bylo když …?

1. Kolik bylo Antonínovi a Boženě, když se jim narodila dcera? _____

_____

2. Kolik jim bylo, když se jim narodil vnuk Tomáš? _____

_____

Exercise (7.25) continues on the next page.

Exercise (7.25), continued

3. Kolik bylo Antonínovi a Boženě, když se jim narodila vnučka Iva? _____

_____

4. Kolik bylo Evě a Josefovi, když se jim narodil Tomáš? _____

_____

5. Kolik bylo Tomáši, když se narodila Iva? _____

(7.26) Vyberte si správnou odpověď. Circle the correct choice.
A. *Chodit* nebo *jít*?
1. Ilona chodí / jde každý den do školy.

2. Dnes tam ale nechodí / nejde.

3. Dnes je svátek. Ilona bude chodit / půjde do muzea.

4. Mladšímu bratrovi Ilony je jenom rok, ale už chodí / jde.

5. Tak až přijde z muzea, Ilona bude chodit / půjde s ním do parku.

6. Obvykle tam s ním chodí / jde jenom v sobotu a v neděli.

B. *Jezdit* nebo *jet*?
1. Kam budete jezdit / pojedete v sobotu?

2. Obvykle jezdíme / jedeme na chalupu.

3. Ale tento týden budeme jezdit / pojedeme na hory.

4. Tam jsou krásné cesty. Budeme jezdit / pojedeme na kole.

5. A vy také budete jezdit / pojedete někam?

6. My budeme jezdit / pojedeme k babičce.

7. Jezdíme / jedeme tam jednou měsíčně.

8. Když jsem byl malý, jezdili / jeli jsme na hory každou sobotu a neděli.

(7.27) Něco o sobě. Odpovídejte na otázky. Answer the questions.

1. Chodíte často do kina? Jak často? _____

2. Rád/a jezdíte na kole? _____

3. Kam chodíte každý den? _____

4. Chodíte nebo jezdíte do školy? _____

5. Půjdete někam v pátek nebo v sobotu? _____

6. Pojedete někam v pátek nebo v sobotu? _____

(7.28) Kam jezdí? Kam pojedou? On a separate sheet of paper combine words or phrases from the different columns to make 6 sentences about where the following people usually go in their free time (jezdí) or where they will go one time (pojede).
Vzor: Na jaře Nina pojede k moři.

Kdy	Kdo	Co dělá nebo udělá	Kam (v/na)
v zimě	Nina	jezdí	hory
na jaře	Věra	pojede	chalupa
v létě	Marcel		Itálie
na podzim	Tomáš		moře
tento pátek	?		Česká republika
příští sobotu			Anglie
každou středu			Kanada
ve čtvrtek			?
zítra			
?			

(7.29) Jak se to řekne česky? Give Czech equivalents on a separate sheet of paper..
A. How would you ask your friend Martin...
1. If he goes to his cabin every Friday.
2. If he often goes to the movies.
3. If he goes to his aunt's house in České Budějovice twice or three times a year.
4. How often he goes to concerts.
5. If he goes to work every day.
6. If he likes to ride his bike.
7. If his daughter Evička can already walk.
8. How old his son Ondra was when he started to go to school.
B. Write possible answers to each of the questions in A.

(7.30) Esej. Napište krátkou esej o tom, co obvykle děláte v sobotu a v neděli v zimě, na jaře, v létě a na podzim. On a separate piece of paper, write a short essay about what you usually do on weekends in different seasons.

    zima - winter   jaro - spring   léto - summer   podzim - fall

(7.31) Tady jsou ... On a separate sheet of paper, combine elements from the columns to make 6 sentences with který clauses.
Vzor: Tady jsou koláče, které jsem ti upekla.

Tady je	salát	který	ti	připravit
Tady jsou	polévka		mi	upéct
	dort		nám	uvařit
	čaj		vám	koupit
	rohlíky		jim	
	chléb		mu	
	jablka		jí	

(7.32) Put together the two sentences using *který*.
Vzor: Doma má Miloš dárky. Koupil je pro přátele v Praze.
→ Doma má Miloš dárky, které koupil pro přátele v Praze.

1. Fišer je staré knihkupectví. Je v Kaprově ulici.

   _____

2. Miloš má mnoho českých knih. Koupil si je v knihkupectví Fišer.

   _____

3. Miloš má také vázu z broušeného skla. Koupil si ji v obchodě na Václavském náměstí.

   _____

4. Miloš také koupil dárky pro přátele. Ti přátelé bydlí v Anglii.

   _____

5. Václavské náměstí je dlouhé náměstí. Je na něm socha svatého Václava.

   _____

Word study: Verbs that take the dative case

The following verbs take the dative case:

> děkovat / poděkovat komu (za co) - to thank someone (for something)
> pomáhat / pomoct (3b, pomůžu...) komu - to help someone
> rozumět / porozumět komu - to understand someone
> ukazovat / ukázat (3b, ukážu...) komu co - to show someone something
> věřit / uvěřit komu - to believe someone

(7.33) Doplňte věty. Complete the sentences.

1. Lucie věří (svá sestra) _____, když říká, že o tom nic neví.

2. Milena rozumí (svoji přátelé) _____.

3. Martin ukazuje (turisté) _____ Pražský hrad.

4. Turisté (on) _____ děkují za pomoc.

5. Prokop pomůže (tvoji rodiče) _____.

6. Karel pomohl (babička) _____.

7. Babička poděkovala (Karel) _____.

8. Až bude Helena v Praze, Petr (ona) _____ ukáže Národní divadlo.

(7.34) Dialogy. Doplňte slovesa *pomáhat / pomoct* nebo *ukazovat / ukázat*. Fill in the blanks in the dialogues with the verbs *pomáhat / pomoct* or *ukazovat / ukázat*.

1. -Libuše, kde jsi včera byla?

    -Byla jsem u Jardy.

    -A co jsi tam dělala?

    -_____ mu uvařit knedlíky. _____ jsem mu,

    jak naše máma to dělá.

2. -Vojto, nemůžeš mi, prosím tě, _____?

    -Co potřebuješ?

    -Chci zatelefonovat Karlovi, ale nemám jeho telefonní číslo.

    -Já ho mám. Moment, já ho najdu a ti _____.

(7.35) Na návštěvě. Describe a visit to friends who live in another city. First answer the questions, and then use your answers to write a paragraph about your trip.

1. Kde jste byl/a? Jak dlouho? _____

2. Měl/a jste se tam dobře? _____

3. Co vám tam ukázali vaši přátelé? _____

4. Obědvali jste u vašich přátel? (Ano.) _____

5. Co vám dali k jídlu? Co vam uvařili nebo upekli? _____

    _____

6. Co vám dali k pití? Co jste pili? _____

    _____

7. Co dělají vaši přátelé? Kde pracují? _____

    _____

8. O co se zajímají? _____

9. Jaké dárky jste dal/a svým přátelům? _____

    _____

10. Co ukážete přátelům, až u vás budou? _____

    _____

Opakování - Review

(7.36) Doplňte správné koncovky. Fill in the correct case endings. Change the possessive pronouns change to *svůj* when the grammatical subject and the "possessor" are the same person.

1. můj dobrý inteligentní přítel Karel

Dnes večer půjdu k _____.

Neznáš _____.

Včera jsem byl u _____.

Jana mluví o _____.

2. vaše dobrá inteligentní přítelkyně Lenka

U _____ se vždycky máme dobře.

V sobotu pojedeme k _____.

_____ bydlí v Olomouci.

Petr chce pořád mluvit o _____.

3. Pražský hrad

Franz Kafka bydlel u _____.

Na _____ pracuje český president.

Nahoře vidíš _____.

4. Staroměstské náměstí

Na _____ je radnice a orloj.

Ten turista jde ze _____.

Jdeme k (towards) _____.

5. dřevěné hračky (f.)

V Čechách mají hezké _____.

Obchod Dětský dům má mnoho _____.

Evička mluvila o _____.

Chtěla koupit _____.

Osmá lekce, první část
Chapter 8, Part 1

(8.1) Fill in the missing verb forms.

Imperfective
1. Infinitive: vstávat

Present tense:

já vstávám

ty _____

oni _____

Past tense: Jan _____

Perfective
Infinitive: vstát

Future tense:

já _____

ty _____

oni vstanou

Past tense: Jan _____

2. Infinitive: mýt se

Present tense:

já _____

ty _____

oni se myjou/myjí

Past tense: Jan _____

Infinitive: _____

Future tense:

já se umyju/umyji

ty _____

oni _____

Past tense: Jan _____

3. Infinitive: jít do práce

Present tense:

já _____

ty _____

oni _____

Past tense: Jan _____

Infinitive: none (jít do práce)

Future tense:

já půjdu do práce

ty _____

oni _____

Past tense: Jan _____

Jana _____

4. Infinitive: _____

Present tense:

já _____

ty se sprchuješ

oni _____

Past tense: Jan _____

Infinitive: osprchovat se

Future tense:

já _____

ty _____

oni _____

Past tense: Jan _____

5. Infinitive: _____   Infinitive: učesat se

Present tense: Future tense:

já se češu   já _____

ty _____   ty _____

oni _____   oni _____

Past tense: Jan _____   Past tense: Jan _____

6. Infinitive: oblékat se   Infinitive: _____

Present tense: Future tense:

já _____   já _____

ty _____   ty _____

oni _____   oni se obléknou

Past tense: Jan _____   Past tense: Jan se oblékl

                                                        Jana _____

(8.2) Co děláte každý den? Answer the questions in full sentences.
A. Kdy vstáváte?

1. Rád/a vstáváte brzo? _____

2. Chodíte spát brzo nebo pozdě? _____

3. Kolik hodin obvykle spíte? _____

4. Spíte v sobotu a v neděli více než ve všední dny? (weekdays) _____

    _____

5. Vyspal/a ses včera? _____

B. Kdy se myjete?

1. Myjete se ráno nebo večer? _____

2. Sprchujete se nebo se koupáte? (shower or bath) _____

3. Myjete si vlasy radši ráno nebo večer? _____

    _____

4. Co si myslíte, kolikrát denně si má člověk čistit zuby? (should) _____

    _____

Exercise (8.2) continues on the next page.

Exercise (8.2), continued

C. Co máte k snídani?

1. Pijete kávu, čaj nebo džus? _____

2. Pijete kávu nebo čaj jenom ráno, nebo také odpoledne a večer? _____
_____

3. Vaříte si kávu (nebo čaj) doma, nebo si ji (ho) kupujete v kavárně? _____
_____

4. Co jste dnes měl/a k snídani? _____
_____

D. Kdy obvykle chodíte nakupovat?

1. Jak často chodíte nakupovat? (každý den, jednou týdně...) _____
_____

2. Co obvykle kupujete? _____
_____

3. Co kupujete jenom málokdy? _____

4. Co nikdy nekupujete? _____

E. Vaříte?

1. Vaříte? Co si často vaříte? _____

2. Máte spolubydlící? Vaříte i pro ně, nebo jen pro sebe? (for yourself) _____
_____

3. Co jste si dal/a včera k večeři? _____

4. Co si dáte zítra k večeři? _____

(8.3) Kolik je hodin? What time is it?
Vzory: 8.00 → Je osm hodin.
           12.45 → Je tři čtvrtě na jednu.

1. 5.00 _____

2. 3.00 _____

3. 4.15 _____

4. 7.15 _____

5. 2.30 _____

6. 6.45 _____

7. 12.15 _____

8. 9.30 _____

9. 3.45 _____

10. 11.30 _____

11. 12.30 _____

12. 1.45 _____

(8.4) Kdy? V kolik hodin? At what time?
Vzor: 1:00 p.m. V jednu hodinu odpoledne.

1. 2:00 p.m._____

2. 7:15 p.m. _____

3. 12:30 a.m. _____

4. 6:30 a.m. _____

5. 8:45 p.m. _____

6. 9:15 a.m. _____

7. 12:15 p.m. _____

8. 11:00 a.m. _____

9. 4:15 p.m. _____

10. 8:15 a.m._____

(8.5) Say what you were doing at following times yesterday.
Vzor: V půl sedmé jsem večeřel. "At 6:30 I was having supper."

1. 8:30 a.m. _____

2. 12:45 p.m. _____

3. 1:00 p.m. _____

4. 4:30 a.m. _____

5. 7:15 p.m._____

6. Two of your own: _____

    _____

(8.6) V kolik hodin? Answer the questions in full sentences.

1. V kolik hodin obvykle vstáváte? _____

2. V kolik hodin asi vstanete zítra? _____

    _____

3. V kolik hodin chodíte spát? _____

4. V kolik hodin chodíte spát v pátek a v sobotu? V kolik vstáváte? _____

    _____

5. V kolik hodin jste šel/šla spát včera? Vyspal/a ses? _____

    _____

(8.7) Co dělá pan Jech? Fill in forms of the verbs *přicházet / přijít* or *odcházet / odejít*.
Pan Jech musí být v práci v devět hodin. Do kanceláře to má půl hodiny cesty (a half-hour trip).

1. Je 7.25 ráno. Za pět minut _____ pan Jech do práce. (will leave)

2. V devět hodin _____ do práce. (will arrive)

3. Je devět hodin ráno. Pan Jech _____ do práce. (has arrived)

4. Je 5.30 odpoledne. Za chvilku _____ z práce domů. (will leave)

5. V šest hodin _____ domů. (will arrive)

6. Je šest hodin. Pan Jech _____ domů. (has arrived)

(8.8) Odpovídejte na otázky celou větou. Answer the questions in full sentences.

1. V kolik hodin jste včera odešel / odešla do školy? _____

_____

2. V kolik hodin jste včera přišel / přišla do školy? _____

_____

3. V kolik hodin jste včera odešel ze školy domů? V kolik hodin jste přišel / přišla domů?

_____

_____

5. Šel / Šla jste včera ještě někam jinam (anywhere else)? Kam? _____

_____

(8.9) Včera dělala Milada všechno jinak. Write sentences with perfective verbs in the past tense,
saying that yesterday Milada did everything differently.
Use the cues in parentheses.
Vzor: Obvykle vstává v osm hodin, ... (7.30)
        → ... ale včera vstala v půl osmé.

1. Obvykle vstává v sedm, ... (6.30) _____

2. Obyvkle se koupá, ... (shower) _____

3. Obvykle si ráno čistí zuby, ... (only in the evening) _____

_____

4. Obvykle si vaří k snídani čaj, ... (coffee) _____

5. Obvykle jí k snídani rohlík, ... (koláč) _____

6. Obvykle jde do práce v půl deváté, ... (jít → odejít; 7.30) _____

_____

7. Obvykle si nekupuje po cestě do práce noviny, ... (she did buy "them") _____

_____

8. Obvykle chodí spát v jedenáct, ... (12.00) _____

_____

(8.10) Dativ nebo akuzativ? Indicate whether the reflexive pronoun is dative or accusative.
Vzor: Co si kupuješ? → dative

A. 1. Až se umyju _____, obléknu se _____

   a odejdu do práce.

2. Po cestě do práce si koupím kávu a koláč. _____

3. Představím se novému kolegovi. _____

4. Po práci si odpočinu. _____

5. Dám si čaj nebo kávu v kavárně. _____

B. 1. Představte si _____, že se budete učit _____

   na Karlově univerzitě.

2. Budete se tam učit česky. _____

3. Musíte si koupit dobrý slovník. _____

(8.11) Doplňte podle potřeby *se* nebo *si*. Put in *si* or *se* if it is needed. Sometimes neither is needed.
A. Kupujeme si počítač.

1. Chci _____ koupit nový počítač.

2. Umyju _____, obléknu _____, nasnídám _____ a

   půjdu do obchodu Computech.

3. Nevím ale, jestli _____ ho koupím už dnes.

4. Chci _____ podívat na více různých (various) počítačů, než _____

   nějaký koupím.

5. Učím _____ česky a potřebuji také česky na počítači psát.

B. O naší dceři.
1. Naše dcera _____ jmenuje Katka.

2. Narodila _____ v roce 1991.

3. Má narozeniny v dubnu. Asi _____ jí koupíme kolo.

4. Už _____ ji nemusíme mýt a oblékat: myje _____

   a obléká _____ sama (herself).

5. Ale když _____ jí dáme peníze, koupí _____ jen zmrzlinu.

Exercise (8.11) continues on the next page.

Exercise (8.11), continued

6. Ráda plave. Nebojí _____ vody.

7. A ve škole _____ učí anglicky.

8. Angličtinu ji _____ učí také naše sousedka.

9. Katka je hodná holka a moc dobře _____ učí. (hodná - good)

C. Večeře v japonské restauraci.
1. Včera jsme večeřeli v japonské restauraci. Dali jsme _____ polévku, rybu a rýži.

2. K pití jsme _____ dali čaj.

3. Dobře jsme _____ najedli.

(8.12) Introducing versus imagining.
A. Fill in forms of *představovat / představit, představovat se/ představit se*, or *představovat si / představit si*. Sometimes there are two spaces, one for the reflexive particle and one for the verb itself.
1. Zítra nás Jaromír _____ své nové přítelkyni.

2. Na mejdanu _____ Michal _____ Ludmile. (past tense)

3. Neumím _____ _____, jak budeš pracovat v takové malé

   kanceláři.

4. Profesor Havlíček Honzu nezná, protože se mu Honza ještě _____.

   (past tense)

5. Chci vás _____ našim novým sousedům.

B. Translate the sentences in Part B into English.

1. _____

2. _____

3. _____

4. _____

5. _____

(8.13) Doplňte *si* nebo *se*. Fill in *si* or *se*.

1. Radek _____ oblékl.   4. Děti _____ myjí.

2. Radek _____ oblékl svetr.   5. Vyčistím _____ zuby a půjdu spát.

3. Umyl jsem _____ ruce.   6. Jarmila _____ uvařila brambory.

(8.14) Doplňte *si* nebo *se* podle potřeby. Fill in *si* or *se* where necessary. Sometimes neither will be needed.

1. -Už jste _____ umyli? Osprchovali jste _____ nebo jste _____ vykoupali?

2. -Není tu teplá voda, a tak jsme _____ umyli jen ruce a obličej.

3. Karolína _____ umyla ruce a potom _____ umyla nádobí.

4. -Jardo, co děláš? Oblékáš _____ nebo _____ čistíš zuby?

5. -Oblékám _____. Oblékám _____ džínsy a svetr.

6. Dnes večer jdu na operu. Nevím, co _____ mám obléknout.

7. Až _____ vyčistíme zuby, podíváme _____ chvilku na televizi a půjdeme spát.

8. -Proč _____ češeš? Musíš _____ ještě umýt vlasy.

(8.15) Slovosled. Word order review. On a separate sheet of paper rewrite the following sentences in the past tense. Be careful with the word *až* when you change tenses.
1. Obléknu se.
2. Obléknu si svetr.
3. Až se obléknu, půjdeme do divadla. (past: use a form of *odejít*)
4. Umyju si ruce a podívám se na fotografie.
5. Ukážu vám je po obědě.
6. Chci si koupit nové auto, ale nemám peníze.
7. Musím se naučit tato slova. Musím se je naučit.
8. Až přijdou Karel a Andrea, dáme si jablkový závin a čaj.

(8.16) Už jste všechno udělal/a. Say that you've already gone through each part of your morning routine. Use perfective verbs in the past tense and pronouns whenever possible.
Vzor: Myješ si obličej?
→ Už jsem si ho umyl.

1. Vstáváš? _____

2. Sprchuješ se? _____

3. Myješ si vlasy? _____

4. Češeš se? _____

5. Oblékáš se? _____

6. Vaříš si kávu? _____

7. Snídáš? _____

8. Jíš? (na- se) _____

9. Čistíš si zuby? _____

10. Myješ nádobí? _____

(8.17) Dnes večer přijdou k Barboře a Jiřímu přátelé na návštěvu. Co musí Barbora, Jiří a jejich děti udělat, než návštěva přijde? What do Barbora, Jiří and their children have to get done before the guests arrive?

A. Přeložte na zvláštním papíře. Translate on a separate sheet of paper.
1. Barbora must take a shower, get dressed, bathe and dress the younger children, make herself some coffee, have the coffee, fix dinner and bake a cake.
2. Jiří must clean up, take a shower, get dressed, go shopping and buy flowers.
3. The older children must take a bath, get dressed, brush their teeth and comb their hair. They will also help Barbora bathe and dress the younger children and help her fix dinner. (Use the imperfective verb *pomáhat* followed by infinitive forms.)
4. The younger children are going to play in the garden.

B. On separate sheet of paper write a story about the dinner party and Barbora, Jiří and their children's preparations. Include what kinds of food they made, what time the guests arrived, what time the guests left, whether or not they had a good time, etc.

(8.18) Doplňte zájmena. Fill in the long forms of the reflexive pronoun (*sebe,* etc.) or of *ty.*
Vzor: -Vaříš čaj pro *sebe*? -Ne, pro *tebe.*
    -Are you making tea for yourself? -No, for you.

1. -Pro koho to kupuješ? Pro _____ ? (yourself)

2. -Ne, pro _____. (you)

3. -O kom píšeš v tomto dopise? O _____? (yourself)

4. -Ne, o _____. (you)

5. -O kom jste včera u Pavla mluvili? O _____? (yourselves)

6. -O _____ (ourselves) a také o _____. (you)

7. -Koho na téhle fotografii vidíš? _____? (yourself)

8. -_____ (myself) a také _____. (you)

(8.19) *Sám.* Fill in the blanks with forms of the word *sám.*

1. Honzovi jsou jen čtyři roky, ale už chce všechno dělat _____:

    _____ se myje, _____ se obléká a dokonce si i _____ vaří kakao.

2. Evička _____ upekla ten krásný dort.

3. Už si to malé dítě čte pohádky _____?

4. Proč jsou ty děti tady _____? Kde jsou jejich rodiče?

(8.20) Všichni chtějí dělat to, co se nesmí. Everyone wants to do what is forbidden. Write sentences and translate them, as in the model.

Vzor: Chceme tady zaparkovat.
→ Ale tady se nesmí parkovat. "But it's forbidden to park here."

1. Miloš chce v kanceláři kouřit. _____

_____

2. Květa chce v autobuse poslouchat rádio. _____

_____

3. Mikuláš a Hana chtějí hrát při hodině němčiny karty. _____

_____

4. Ludmila chce jíst v knihovně chlebíčky. _____

_____

5. Michael je také v knihovně a má velkou žízeň. _____

_____

6. Pavel a Milena jsou v hotelu. Chtějí si ve svém pokoji vařit polévku. _____

_____

(8.21) Nedá se to koupit! Write sentences saying that it is impossible to buy the items in parentheses.

Vzor: Ta hra je velmi populární. (lístky)
→ Na tu hru se nedají koupit lístky.
"It's impossible to buy tickets to this play (because it's so popular)."

Use each of the following once: *do*, *na*, *od*, genitive case with no preposition.

1. Ten film je velmi populární. (lístky) _____

_____

2. To divadlo je velmi populární. (lístky) _____

_____

3. Ta rocková skupina je velmi populární. (kazety a cédéčka) _____

_____

4. Ten spisovatel je velmi populární. (romány) _____

_____

(8.22) Match the questions or statements with appropriate responses.

1. ____ Mohu tady jíst?   a. Asi se na něj nedají koupit lístky.

2. ____ Mohu tady kouřit?   b. No*, tam se dá koupit krásné sklo.

3. ____ Všichni mluví o tomhle filmu.   c. Protože se tady výborně vaří.

4. ____ Všichni mluví o téhle nové hře.   d. Ne, nesmí se tady parkovat.

5. ____ Eva neví, co znamená* anglické slovo "gift".   e. Ale při hodině se nepije!

6. ____ Nerozumím, když to říkáte česky.   f. No, tady se dobře spí.

7. ____ Karel při hodině začal pít pivo.   g. Ne, tady se nesmí kouřit.

8. ____ Koupil jsem v Praze krásnou vázu.   h. Jak se to řekne česky?

9. ____ Jirka nemohl v autě spát.   i. Protože se tam dobře čte.

10. ____ Ráda spím v téhle knihovně.   j. Asi se na ni nedají koupit lístky.

11. ____ Proč vždycky obědváš v téhle restauraci? k. Ne, tady se nesmí jíst.

12. ____ Proč pořád čteš v kavárně?   l. Neví, jak se to píše správně.*

13. ____ Janík napsal slovo byl „b-i-l".   m. Jak se to řekne anglicky?

14. ____ Smíme tady zaparkovat?   n. No, v autě se špatně spí.

*znamenat - to mean   *no (ano) - yes   *správně - correctly

(8.23) Výrazy. Expressions.
A. Give English equivalents of the following expressions.
1. To se často říká. _____

2. To se často stává. _____

3. To se nedělá. _____

4. To se ještě uvidí. _____

5. To se rozumí. _____

B. Respond to the following proverbs, using the expressions in Part B.
Vzor: Každý začátek je těžký.   "Every beginning is difficult." (proverb)
    →Ano, to se často říká.   "Yes, that's often said."

1. Všechno zlé je na něco dobré. (zlé - evil, bad) _____

2. Kdo pozdě chodí, sám sobě škodí. (škodit - to damage) _____

3. Neštěstí nechodí samo. (neštěstí - misfortune; "It never rains but it pours.")

    _____

4. Když kocour není doma, mají myši pré. (kocour - tomcat; myš - mouse; mít pré - here, to

    have a great time) _____

(8.24) Respond to the statements with generalizations, using the cues in parentheses.
Vzor: Večeře byla výborná! (jíst dobře)
→ V té restauraci se dobře jí.

1. Káva v té kavárně je hrozná! (vařit špatně) _____

_____

2. Včera večer Andrea čekala 30 minut na autobus! (večer, čekat dlouho) _____

_____

3. Dnes jsme v hospodě u Fleků pili velmi dobré pivo. (vařit dobře) _____

_____

4. České děti často píší slovo „česky" s velkým „Č" (with a capital C). (psát se s malým „č")

_____

5. Karel bydlí blízko lětiště a proto špatně spí. (spát špatně) _____

_____

6. Ivana často čte v kavárně. (číst dobře) _____

_____

(8.25) Co se smí a nesmí dělat při hodině češtiny? On a separate sheet of paper write a short paragraph about what you can and cannot do in Czech class.

(8.26) Doplňte *si* nebo *se*. Fill in the correct reflexive pronoun. For one sentence you will need a long form.

1. Libor a Ludvík _____ znají už dvacet let.

2. Dobře _____ rozumějí.

3. Často _____ pomáhají.

4. Bydlí naproti _____.

6. Syn Libora a dcera Ludvíka _____ také dobře znají.

7. Mají _____ rádi.

8. Často chodí spolu do kina nebo _____ telefonují (telefonovat komu - to phone).

9. Když byl syn Libora na vojně (in the army), psali _____ dopisy každý týden.

10. Asi za rok nebo za dva _____ budou brát.

(8.27) Kdo si vezme koho? Who is getting married to whom?

A. Write sentences saying that the following people will be getting married. Use the imperfective of each of the following verbs at least once: *brát si / vzít si, ženit se / oženit se,* and *vdávat se / vdát se.*

Vzory: Hana a Jaroslav se berou.   Hana and Jaroslav are getting married.
       Hana se vdává. Bere si Jaroslava.   Hana is getting married. She's marrying Jaroslav.
       Jaroslav se žení. Bere si Hanu.   Jaroslav is getting married. He's marrying Hana.

1. Kateřina, Michal _____

2. Ludmila, Miloš _____

3. Andrea, Vít _____

4. Zuzana, Jakub _____

B. Now say that the following people have already gotten married, using perfective verbs.

Vzory: Hana a Jaroslav se vzali.   Hana and Jaroslav got married.
       Hana se vdala. Vzala si Jaroslava.   Hana got married. She married Jaroslav.
       Jaroslav se oženil. Vzal si Hanu.   Jaroslav got married. He married Hana.

1. Anežka, Vilém _____

2. Vlasta, Zdeněk _____

3. Helena, Ondřej _____

4. Jitka, Vojtěch _____

(8.28) Dialog.

A. Doplňte *si* nebo *se*. Fill in *si* or *se*.

-Hele, víš, že _____ Lukáš a Alena budou brát?

-Lukáš a Alena? Ani jsem nevěděl, že _____ znají.

-Prosím tě, znají _____ osm let, a už spolu chodí pět let. Seznámili _____, když jsme

   všichni jeli společně do Paříže.

-Ano, už si vzpomínám. Už ze začátku _____ dobře rozuměli.

B. Odpovídejte na otázky. Answer the questions.

1. Koho si vezme Alena? _____

2. Koho si vezme Lukáš? _____

3. Jak dlouho už chodí spolu? _____

4. Jak dlouho se znají? Kdy a kde se seznámili? _____

_____

Osmá lekce, druhá část
Chapter 8, Part 2

(8.29) Odpovídejte na otázky. Answer the questions, using adjectives and nouns in the accusative case.
A. Co máte ve skříni? What do you have in your closet?
Vzor: Mám staré džínsy. Mám bílou blůzu.

1. _____   5. _____

2. _____   6. _____

3. _____   7. _____

4. _____   8. _____

B. Co máte dnes na sobě? What are you wearing today?
Vzor: Mám na sobě staré džínsy a červené tričko.

1. _____   3. _____

2. _____   4. _____

(8.30) Co si obléknete? What do you put on in the following situations or times of the year?
Vzor: Jdete na operu.
→ Obléknu si oblek a kravatu. *nebo* Obléknu si šaty.

1. Jdete do divadla._____

2. Jdete na večírek (party). _____

3. Jdete k rodičům svého přítele / své přítelkyně. _____

4. Jdete do školy. _____

5. Je začátek prosince. _____

6. Je konec července. _____

7. Je začátek října. _____

(8.31) Shopping spree. Včera šli Hanka a Jarda nakupovat. Co si koupili a kolik to stálo? Choose 8 items from the list below and write sentences on a separate sheet of paper according to the model. Write out all numbers in full.
Vzor: Hanka si koupila kabát. Stál tři tisíce korun.

blůza	1 650 Kč	deštník	250 Kč	džínsy	1 329 Kč	sako	1 200 Kč
kabát	3 000 Kč	kalhoty	1 450 Kč	klobouk	452 Kč	svetr	1 800 Kč
košile	500 Kč	kravata	649 Kč	oblék	5 487 Kč	vesta	580 Kč

(8.32) Co si musíte obléknout? What do you need to put on?

1. Dnes je zima a sněží. Musím si obléknout kabát a …_____

2. Dnes svítí slunce. _____

3. Dnes fouká vítr. _____

4. Dnes prší. _____

5. Dnes je horko. _____

(8.33) Naopak! Je mi horko! Say that the opposite is true.
Vzor: Je vám zima?
       → Naopak! Je mi horko.

1. Je vám teplo? _____

2. Prší venku? (→The sun is shining) _____

3. Je venku zima? _____

4. Sněží? _____

5. Je tady horko? _____

6. Svítí venku slunce? _____

Word Study – Roots and Word Formation

Many verbs, adjectives and adverbs describing weather conditions are formed from related nouns. For example, the adjective *deštivý* "rainy" is formed from the word *déšť* "rain". Other nouns may also formed from these weather words. For example *deštník* means "umbrella".

(8.34) Fill in the chart with the nouns that are related to the following words.

		related noun
deštník	umbrella	déšť
oblačno	cloudy	
slunečník	parasol	
slunečnice	sunflower	
větrný	windy	
větrat / vyvětrat	to ventilate	
blýskat se / blesknout se	to lightning	
sněžit	to snow	

(8.35) Use weather expressions to make generalizations about what can be done in your own area in different seasons. Write 6-7 sentences on a separate sheet of paper.
Co se u vás dá dělat v létě? Co se nedá dělat? Co se dělá dobře?
Co se u vás dá dělat v zimě? Co se nedá dělat? Co se dělá dobře?
Vzory: V zimě se u nás na horách dobře lyžuje, protože hodně sněží.
       V zimě se u nás nedá v rybnících plavat, protože je zima.

(8.36) Co myslíte, že se dá dělat v České republice v zimě a v létě? Napište 6-7 vět na zlváštním papíře. Write 6-7 sentences on a separate sheet of paper about what you think one can do in the Czech Republic in different seasons.

(8.37) Jaké tam bylo počasí? Kolik bylo stupňů? Choose 4 cities and on a separate piece of paper write sentences about the weather in each place. Write out the temperatures.
stupeň (m.) - degree; minus dva stupně - minus 2 degrees
Vzory: Patnáctého července bylo v Paříži teplo. Bylo dvacet pět stupňů a jasno.
        Dvacátého čtvrtého prosince bylo v Paříži zima. Byly minus dva stupně a polojasno.

Počasí 15.7. ve vybraných městech:
Oslo (7 hod.) oblačno 11 st.
Moskva (9 hod.) polojasno 19 st.
Londýn (6 hod.) zataženo, déšť 19 st.
Paříž (7 hod.) jasno 25 st.
New York (12 hod.) jasno 30 st.
Los Angeles (18 hod.) oblačno 32 st.
Tokio (15 hod.) skoro zataženo 28 st.

Počasí 24.12. ve vybraných městech:
Oslo (7 hod.) zataženo, sníh -8 st.
Moskva (9 hod.) oblačno -9 st.
Londýn (6 hod.) zataženo, déšť 3 st.
Paříž (7 hod.) polojasno -2 st.
New York (12 hod.) polojasno -7 st.
Los Angeles (18 hod.) jasno 15 st.
Tokio (15 hod.) oblačno 4 st.

(8.38) Jak se to řekne česky?
1. What was the weather like in Vienna? (Vídeň - f.)

_____

2. We had good weather.

_____

3. It was sunny most of the time (většinou).

_____

4. It rained only three times.

_____

5. Luckily (naštěstí) we had umbrellas with us (s sebou).

_____

6. When it rained it was also windy. ("the wind blew")

_____

(8.39) Po hokeji Františka všechno bolelo. After the hockey game František was hurting all over. Write sentences with past tense forms of the verb *bolet* "to hurt".

Vzory: head → Bolela ho hlava.   His head hurt.
       legs/feet → Bolely ho nohy.   His legs/feet hurt.

1. levá ruka - left arm or hand _____

2. ruce (irregular feminine plural) - arm/s, hand/s _____

3. pravé rameno - right shoulder _____

4. záda (neuter, plural only) - back _____

5. zub - tooth _____

6. pravá noha - right leg _____

(8.40) Anna je nemocná. Co ji bolí? Your friend Anna is sick, and you're interpreting for the doctor.

A. Describe 4 ailments.

Vzory: Bolí ji břicho.   Her stomach hurts.
       Bolí ji v krku.   She has a sore throat.

ruce	hands	noha	leg or foot	ucho, uši	ear, ears
břicho	stomach	rameno	shoulder	záda (n. pl.)	back
hlava	head	oko, oči	eye, eyes	krk, v krku	throat

_____

_____

B. Respond to the doctor's questions.

1. Má kašel? Kašle? Does she have a cough? Is she coughing?

_____

2. Kýchá? Is she sneezing?

_____

3. Má rýmu? Is she congested?

_____

4. Má teplotu? Does she have a fever?

_____

5. Je unavený/unavená? Is she tired?

_____

(8.41) Necítím se dobře. On a separate sheet of paper write a dialogue between yourself and a friend on the topic „Necítím se dobře": "I feel sick". Explain your symptoms and agree to stay in bed all day and go to a doctor tomorrow if you still don't feel well. Use the words and expressions from Exercise (8.40).

(8.42) Jak se vám tam líbilo?
Imagine that you recently traveled to the following places. Say whether or not you liked them. Be sure that the form of the verb agrees with the place (rather than reflecting your gender).
Vzory: Praha se mi (ne)líbila.
       Brno se mi (ne)líbilo.
       Tatry se mi (ne)líbily.

1. New York _____

2. San Francisco _____

3. Paříž (fem.) _____

4. Londýn _____

5. Atény (fem. plural only; Athens) _____

+ 3 of your own

6. _____

7. _____

8. _____

(8.43) On a separate sheet of paper, evaluate 5 books or plays that you have read or movies that you have seen. Use the following expressions:
    Román *Žert* se mi velice líbil.   I really liked the novel *The Joke* (by Kundera).
    Film ... se mi moc nelíbil.   I didn't like the movie ... very much.
    Hra ... se mi vůbec nelíbila.   I didn't like the play ... at all.

(8.44) Proč jste si to nekoupil/a? Say that you and other people didn't buy the following things because you didn't like them.
Vzory: -Proč jste si nekoupil/a tu bundu?   -Proč si Růžena nekoupila ty šaty?
       -Protože se mi nelíbila.   -Protože se jí nelíbily.

1. Proč jste si nekoupil/a ty džínsy? _____

2. Proč si Vilém nekoupil tu kravatu? _____

3. Proč si Jitka nekoupila to tričko? _____

4. Proč si Jiří nekoupil ty kalhoty? _____

5. Proč si Alžběta a Jana nekoupily ty boty? _____

6. Proč si Štěpán nekoupil tu čepici? _____

(8.45) Snědli jste všechno? Imagine that you were offered the following foods. Say whether or not you liked them and whether you are likely to have eaten them up.

Vzor: bramborová polévka

→ Snědl/a jsem všechnu bramborovou polévku, protože mi velice chutnala.

I ate all the potato soup because I really liked it ("it tasted really good to me").

1. pizza _____

2. smažený sýr (fried cheese) _____

3. vepřové maso _____

4. hranolky (french fries) _____

+ 2 of your own

5. _____

6. _____

(8.46) Jaké počasí máte rád/a? Agree or disagree, and explain your preferences.

Vzory: -Mám rád/a, když je horko.

→ -A já takové počasí nemám rád/a. Když je horko, necítím se dobře.

-Mám ráda, když sněží.

→Já taky. Rád/a lyžuji.

1. Mám rád/a, když svítí slunce a je teplo. _____
_____

2. Mám rád/a, když fouká vítr a je chladno. _____
_____

3. Mám rád/a, když sněží. _____
_____

4. Sníh a déšť mi vadí. _____
_____

5. Mám rád/a horké počasí. _____
_____

(8.47) Your friend Vojtěch just came back from a trip to London. Ask him about his trip and about the weather in London.

-_____

-Londýn se mi moc líbil.

-_____

-Pršelo každý den.

-_____

-Ne, déšť mi nevadí.

-_____

-Ano, a také mám rád, když sněží.

_____

-Ano, anglická kuchyně* mi chutnala, ale mám radši českou kuchyni. (*cuisine)

(8.48) You are visiting your friend Marie and talking to her brother, who is a first year student at your university. Fill in your part of the conversation.

-_____

-Ahoj! Díky, mám se dobře.

-_____

-Líbí se mi. Je to moc dobrá univerzita.

-_____?

-Mám nejradši matematiku.

-_____

-Ano, bydlím na koleji a jím každý den v menze.

-_____

-No, to víš, v menze se moc dobře nevaří.

(8.49) Jak se to řekne česky? Give Czech equivalents.

1. I liked Karlovy Vary a lot. _____

2. They liked Plzeň (fem.) a lot. _____

3. Oldřich liked the movie Kolja. _____

4. Karel likes Eva. He wants to go out with her (chodit s ní). _____

_____

5. Karel and Eva like each other. _____

6. Martina likes Ivan Klíma a lot. _____

7. She likes to read his novels. _____

8. How did you like that story? _____

9. The weather here bothers Jaroslav. He does not like snow. _____

_____

10. That doesn't matter. _____

(8.50) Program rozhlasu na pondělí. Radio schedule for Monday.
Read through the following radio schedule and on a separate sheet of paper write sentences about 5 programs that you will listen to, giving the starting and ending time.
Vzor: Od šesti do půl sedmé budu poslouchat komorní koncert.

6.30 Zprávy
6.45 Komorní koncert (Dvořák, Beethoven)
7.30 Studio Vltava (zprávy, sport, počasí)
8.15 Ekonomické informace
8.30 Povídka - B. Hrabal: „Smrt pana Baltisbergra"
9.00 Naše téma: Homeopatie
9.30 Jazz Notes
10.00 Domácí a zahraniční tisk
10.30 Supraphon Classic - Ivan Moravec hraje Chopina
11.15 Sportovní magazín
12.00 Zprávy
12.45 Hudební galerie. Hraje symfonický orchestr Severoněmeckého rozhlasu
v Hamburku. F. Schubert: Symfonie h moll D 759
14.00 Odpolední studio Vltava.

Slovníček
komorní - chamber   rozhlas - radio
smrt - death   téma - theme, topic
tisk - press (media)   zahraniční - foreign, international
zprávy - news

Supplementary section: Words that exist only in the plural

You have seen a number of words that exist only in the plural, such as *peníze* "money" and *hodinky* "watch". The words for several items of clothing are also like this: *kalhoty* "pants", *brýle* "glasses", *šaty* "dress" and others. When you want to use a number with these types of words, you have to use a special form of the number. English is similar with certain words: you cannot say "I bought two pants", but instead "two pairs of pants".

To specify "one" use the plural form *jedny*. "Two" and "three" have similar forms: *dvoje* and *troje*. After "three", add the suffix *-ery* to the numeral form. For *čtyři* the stem changes to *čtv,* and for *pět* the stem changes to *pat-*. Theoretically, you can make this type of number up to infinity, but in actual usage people avoid using these numbers after about a dozen.

čtvery	devatery
patery	desatery
šestery	jedenáctery ...

Koupila jsem si dvoje kalhoty, jedny šaty a čtvery ponožky.
I bought two pairs of pants, one dress and four pairs of socks.

To ask "how many" with plural only words use *kolikery* followed by the nominative case.

These numbers can also be used with items that tend to come in pairs, such as *boty* "shoes" and *ponožky* "socks".

(8.51) Doplňte číslovky. Fill in the numbers.

1. Mám (2) _____ kalhoty.

2. Tady jsou (5) _____ ponožky.

3. Koupila jsem (3) _____ boty.

4. Náš dům má (2) _____ dveře.

5. Proč má Martin (7) _____ hodinky?

(8.52) Obchodní dům Bílá labuť měl výprodej (sale). Včera šli Michal a Věra nakupovat. (went shopping) Kolikery šaty si koupili? On a separate sheet of paper write 6 sentences about what Michal and Věra bought at the sale.
Vzor: Michal si koupil dvoje kalhoty.
Co koupili: boty, šaty, kalhoty, brýle, hodinky, džínsy, ponožky, spodky, kalhotky

(8.50) *Čtení: Šárka píše dopis svému americkému kamarádu Bobovi*

Praha 8. února

Milý Bobe,

minule jsi mi psal o tom, že u Vás v Kalifornii je už pěkné počasí, a že jsi už jezdil na kole. U nás v Čechách je ještě pořád zima, minulý týden jsme byli lyžovat v Krkonoších. Zkouškové období nám už skončilo a začal letní semestr. My máme totiž zkouškové období po Vánocích, a letní semester začíná v únoru. O Vánocích máme jenom čtrnáct dní volno a potom začíná zkouškové období.

V Praze teď často padá sníh. Není moc pěkně, a tak mám čas na učení. Už se těším na Velikonoce. O Velikonocích pojedeme k babičce mé kamarádky Evy. Bydlí v malé vesnici blízko Brna. Eva a já budeme malovat velikonoční vajíčka a uděláme si pomlázky. Děti z vesnice tam ještě chodí s pomlázkou a je to velká legrace.

Po Velikonocích už je v Praze vždycky lepší počasí a tak hrajeme hodně tenis. Letos hraju v prvním družstvu na právnické fakultě. Na jaře pojedeme také na několik zápasů a v létě jestli budu mít štěstí i na Universiádu.

Letní prázdniny jsou ještě daleko, ale už mám plány. U nás letní prázdniny začínají na začátku července. O prázdninách budu pracovat v turistické kanceláři v Krkonoších. Na konci prázdnin pojedu na cyklistický výlet na Korsiku. Doufám, že Eva bude mít čas a pojede se mnou. Z Korsiky se vrátím v polovině září, a tak budu mít ještě trochu času, protože zimní semestr začíná teprve v říjnu. Napiš, co budeš dělat o prázdninách ty a jestli zase přijedeš do Čech. Měj se dobře.

Ahoj,
Šárka

Slovníček

konec - end	letos - this year
malovat - to paint	minule - last time
padat - to fall	počasí - weather
pomlázka - whip made at Easter time	sníh - snow
totiž - that is to say	Universiáda - college championships
vajíčka - vejce	vrátit se - to return
začátek - beginning	zase - again

Otázky k textu. Answer the following questions on a separate sheet of paper.
1. Komu píše Šárka?
2. O čem psal Bob minule?
3. Kde byla Šárka minulý týden?
4. Kdy je v Čechách zkouškové období?
5. Co bude dělat Šárka o Velikonocích?
6. Kdy začínají letní prázdniny? Jaké plány má Šárka na léto?
7. Kam pojede ke konci léta?
8. Kdy začíná v Čechách zimní semestr?

Něco o sobě

Napište podobný dopis českému kamarádovi nebo napište odpověď na Šárčin dopis. Write a similar letter to a Czech pen pal or a response to Šárka's letter.

Devátá lekce, první část
Chapter 9, Part 1

(9.1) Co potřebujete, když cestujete? On a separate sheet of paper arrange the new vocabulary at the beginning of Chapter 9 by categories.
1. Travel documents
2. Tourist information
3. Personal hygiene
4. Money

(9.2) Nezapomeňte! Don't forget!
What do people often forget to take when they travel? List four things in the accusative case.
Zapomínají vzít s sebou... _____
_____.

(9.3) What clothing will your Czech friend Jan bring if he were going to visit you next week? Pick 4 items of clothing from the pictures in Chapter 8, Part 2 and give a (different) reason why he should or shouldn't bring each. Use the perfective *vzít si* with *musí* and the imperfective *brát si* with *nemusí*.
Vzory: Bude potřebovat bundu, protože je u nás ještě zima.
        He'll need a coat, because it's still cold here.
        Nebude potřebovat oblek, protože asi nepůjdeme do divadla.
        He won't need a suit, because we probably won't go to the theater.
I think we may need to explain vzít si here, with si. There are a number of places where we have it, and when it's right after an exercise without si it may be confusing.

1._____
_____

2._____
_____

3._____
_____

4._____
_____

(9.4) Co si vezmete s sebou? Co už máte a co si ještě musíte koupit? What will you take? What do you already have, and what do you still need to buy? Write a paragraph on a separate sheet of paper about one of the following situations. Use items from the pictures and chart at the beginning of Chapter 9, as well as words for clothing from Chapter 8, Part 2. Keep in mind typical Czech weather when planning what to take.
1. Pojedete do České republiky v létě jako turista.
Vzor: Vezmu si s sebou plán Prahy a foťák. Už mám foťák, ale musím si koupit plán Prahy.
or 2. Pojedete do České republiky na zimní semestr jako student.

(9.5) Indeterminate or determinate? Mark *I* for indeterminate and *P* for determinate.

1. běhat _____   3. chodit _____   5. jezdit _____   7. běžet _____

2. jet _____   4. létat _____   6. letět _____   8. jít _____

(9.6) Choose the correct form, indeterminate or determinate.
1. Chodíme nebo jdeme?

Rádi _____ do kina.

Dnes večer _____ na nový film Miloše Formana.

2. Běhám nebo běžím?

_____ na autobusové nádraží. Za patnáct minut mi jede autobus.

Každý den _____ v parku.

3. Létat nebo letět?

Ondrášek se bojí _____ v letadle. (afraid to fly)

Nechce s námi _____ do Londýna.

4. Jezdí nebo jedou?

Kam _____ ty vlaky?

_____ vždycky tak pomalu? (slowly)

(9.7) Co musíte dělat? Say what you need to do, using the verbs *běhat / běžet, létat / letět, chodit / jít pěšky* or *jezdit / jet* and the cues in parentheses.
1. Je tři čtvrtě na devět. Musíte být v práci v devět. (run to work)

_____

2. V sobotu musíte být na konferenci v Praze. Bydlíte v Americe. (fly to Prague)

_____

3. Musíte přečíst několik povídek Jaroslava Haška. (go to the library and borrow them)

_____

Exercise (9.7) continues on the next page.

Exercise (9.7), continued

4. Ale ty povídky v knihovně nejsou. (go to a bookstore and buy them)

    _____

5. Ani v knihkupectví nejsou. (go to Professor Novák's office hours - *see Chapter 6/2,*
    Dialogue 2)

    _____

6. Jeho konzultační hodiny končí za pět minut. (run there)

    _____

(9.8) *Kam pojedete?* Given the answers, write questions. Particularly for the last two you may
want to check Dialogues 1-3.

1. _____?

-V létě? Pojedeme do Evropy.

2. _____?

-Na měsíc. *or* Měsíc. (Circle the variant that fits your question.)

3. _____?

-Ano, a pojedeme také Německa a do Francie.

4. _____?

-Ano, známe několik lidí v Čechách a také máme přátele ve Francii.

5. _____?

-Ne, potřebujeme jenom pas.

6. _____?

-Ano, letenky jsme si koupili předevčírem.

7. _____?

-Ještě ne. Asi si ho/jí koupím zítra.

8. _____!

-Děkuju. Na shledanou.

(9.9) S kým mluvíte? Remember to write *se* instead of *s* when the next word begins in *s-* or *z-*.

1. Václav _____

2. Tomáš _____

3. Zuzana _____

4. Julie _____

5. bratři _____

6. sestry _____

(9.10) S kým se učíte česky? Answer on a separate sheet of paper, using the names of your classssmates.

(9.11) Odpovídejte na otázky. Use the cues to answer the questions in each section about how people do things. Use the instrumental case.

A. Jak pojedou domů? How will they get home?
   Vzor: Jirka, autobus
         → Jirka pojede domů autobusem.

1. Bedřich, auto _____

2. Renata, tramvaj (f.) _____

3. Katka a Milan, vlak _____

4. tito turisté, metro _____

5. Michal, letadlo ("fly") _____

6. vy (→ já), ? _____

B. Jak píšou domácí úkoly? How do they write their homework?

1. Ondřej, tužka _____

2. Šárka a Vojtěch, pero _____

3. vy (→ já), ? _____

(9.12) Say how each person gets to the university.
Vzor: Jitka bydlí 5 kilometrů od univerzity. Nemá auto.
     → Jitka jezdí na univerzity autobusem, metrem nebo tramvají.

1. Tomáš bydlí 10 kilometrů od univerzity. Má auto.

_____

2. Věra bydlí 100 metrů od univerzity.

_____

3. Andrea a Libuše bydlí v jiném městě.

_____

4. vy - ? _____

(9.13) S kým se Ludvík a Věra sejdou o vánočních svátcích? Who will Ludvík and Věra see
over the Christmas holidays? Remember to derive the instrumental case form from the
nominative *singular*.
Vzor: rodiče → Sejdou se s rodiči.
1. bratři a sestry _____

2. synovci a neteře (synovec - nephew, neteř - niece) _____

_____

3. tety a strýcové _____

4. bratranci a sestřenice _____

5. babičky a dědečkové _____

6. přátelé a sousedé _____

(9.14) S kým se tam seznámíte? Imagine that you're going to visit various schools and
departments in the Czech Republic. Whom will you meet?
Vzor: lékařská fakulta (doktor)
     → Na lékařské fakultě se seznámíme s budoucími doktory. (budoucí - future)

1. právnická fakulta (právník) _____

2. FAMU (režisér, filmový kritik) _____

3. Brněnská konzervatoř (hudebník - musician) _____

_____

4. filosofická fakulta (učitel; překladatel - translator) _____

_____

(9.15) Čím je známý český spisovatel Karel Čapek?   Use the cues to write sentences about what Karel Čapek is famous for.
Vzor: povídky
→ Karel Čapek je známý *svými povídkami.*

1. hry _____

2. povídky _____

3. pohádky _____

4. romány _____

(9.16) Čím je to známé?

1. Prague is famous for Prague Castle (Pražský hrad). _____
_____

2. What is Plzeň famous for? _____
_____

3. Is your city famous for anything? _____
_____

4. My city is not famous for anything. _____
_____

(9.17) Scházet se / sejít se nebo seznamovat se /seznámit se?

1. I'm going to meet/get together with my sister today. _____
_____

2. We're going to meet (up) at 3:00 on Malostranské náměstí and go to a café. _____
_____

3. Yesterday I met some Czech students. _____
_____

4. Tonight we're going to meet/get together for dinner. (na + večeři) _____
_____

(9.18) Jak se to řekne česky? Write Czech equivalents on a separate sheet of paper.
1. I usually go to the university by car, but tomorrow I'm go by bus (*future*).
2. Do you want to go with us? We're going (*future*) at 9:00 or 9:30.
3. Do you prefer to write essays with a pencil or a pen?
4. I usually write them on the computer. (*na* + locative case)
5. Do you want to go to a restaurant with me and Julie?
6. Sure. (*Rád/ráda.*) What time?
7. We'll meet at my place at 6:00.
8. What are you going to do with all those old books?
9. With these textbooks and dictionaries?
10. These are books that I borrowed from the library. (Use a clause with *který*.)
11. I want to learn Czech (*naučit se*), because in two months I'm going to Plzeň for a semester.
12. I want to meet Czech students and speak with them only in Czech.

(9.19) Opakování pádů. Case review.

1. Kde můžete vidět *barokní sochy*?
Na Malé Straně je zahrada s _____.

Skoro každý kostel v České Republice má několik _____.

V Národní Galerii jsou někdy přednášky o _____.

Zítra se půjdeme podívat na _____ na Karlově mostě.

2. Ve Slavonicích jsou *staré renesanční domy*.
Každé starší město v Čechách má několik _____

Lidé ještě bydlí ve _____.

Cizinci si často chtějí koupit _____

   v Čechách, protože jsou krásné.

Viděli jsme fotografii _____ v Telči.

(9.20) Cestujeme po České republice.
A. Přečtěte si o různých zájezdech a jeden si vyberte. Read about the following travel packages and choose one that you would like. Note: there is a glossary on the next page.

1. Výlet do Lipenské přehrady - Lake Lipno.
Termíny: 24.7.-31.7 *nebo* 15.8-23.8
Program: Týdenní pobyt u Lipenské přehrady. Možnost koupání a pěších výletů do okolí. V hotelu je také půjčovna kol a loděk. Dva organizované výlety: Šumavský prales Boubín a zámek v Českém Krumlově.
Cena: 2950 Kč na osobu.

Exercise (9.20) continues on the next page.

Exercise (9.20), continued

2. Výlet do Jižních Čech v Hotelu Palcát u Sudoměřic.
Termíny: 15.7.-23.7 *nebo* 1.8.-8.8
Program: Týdenní pobyt v Jižních Čechách u řeky Lužnice. Možnost koupání v řece nebo v blízkém rybníku Rytíř. Pěší turistika a houbařství. Dva organizované výlety na zámek Červená Lhota a Kratochvíle.
Cena: 2500 Kč na osobu.

3. Filmový festival v Karlových Varech.
Termín: 4.7.-11.7
Program: Týdenní pobyt v luxusním hotelu na karlovarské Kolonádě v době mezinárodního filmového festivalu. V ceně pobytu jsou zahrnuty vstupenky na filmový festival. V hotelu je bazén a fitcentrum.
Cena: 12000 Kč na osobu.

4. Na kole po Moravě.
Termín: 21.7-28.7, 10.8-17.8
Program: Týdenní putovní zájezd po Českomoravské vrchovině a Moravě. Zájezd začíná v Havlíčkově Brodě a končí v Dolních Věstonicích. 35 km denně, prohlídky hradů a zámků, vinných sklípků a národopisného muzea v Dolních Věstonicích. Pobyt v malých penzionech, snídaně a večeře zahrnuty. Doprovodné vozidlo.
Cena: 2000 Kč na osobu.

Slovníček

bazén - swimming pool
fitcentrum - fitness club
koupání - swimming
loďka - small boat
osoba -person
prales - virgin forest
půjčovna - rental
vinný sklípek - wine cellar
zahrnuty - included

doprovodné vozidlo - van accompaniment
houbařství - mushroom collecting
jsou zahrnuty - are included
možnost - possibility
pěší - walking
prohlídka - tour
putovní - travelling
vstupenka - ticket
zámek - castle

okolí - vicinity
pobyt - stay
přehrada - dam
řeka - river
zájezd - tour

B. On a separate sheet of paper write a paragraph about the trip that you would like to take. Answer the following questions.

1. Který zájezd jste si vybral/a?
2. Odkdy dokdy budete na zájezdě?
3. Kolik to stojí? ("How much does it cost?")
4. Co tam budete dělat?
5. Co si s sebou vezmete?
6. S kým pojedete na ten zájezd? Choose a friend or family member to go with and explain why this person would be a good travel companion for the trip that you chose. (See the textbook exercise 9.9).

(9.21) Doplňte správnou formu slovesa. Fill in the correct form of the verb.

A. nést

1. Co (ty) tam _____?

2. (já) _____ si balík z pošty.

3. Kam si (vy) _____ ty knihy?

4. (my) _____ je do knihovny.

5. Andrea jde do tělocvičny. _____ si tenisky, krátké kalhoty a tričko.

6. Jaroslav a Ludmila jdou na plovárny. _____ si plavky a ručníky (towels).

B. vést

1. Katka _____ děti do parku.

2. Děti _____ psa.

3. Kam (vy)_____ ty turisty?

4. (já) _____ je na Staroměstské náměstí.

C. vézt

1. Kam (ty) _____ ty květiny?

2. (já) _____ je do Nových Hradů k babičce.

3. A my _____ jí dort.

4. Kam (vy) _____ ten stůl a ty židle?

5. (my) _____ je na chalupu.

6. Ludmila jede do Francie a _____ svým přátelům becherovku.

(9.22) Sloveso *nosit, vodit*, nebo *vozit*? Choose the correct verb and write sentences (with accusative case forms).

A. Nosíme nebo vodíme?

Vzor: dopisy → Dopisy nosíme.

1. knihy _____

2. turisté _____

3. malí psi _____

4. velcí psi _____

5. kočky _____

6. přátelé _____

7. miminka (babies) _____

8. děti _____

B. Vozí si nebo nosí si? Petr bydlí v Praze. How does he get his things to the following places?

Vzor: lyže na hory

    → Vozí si lyže na hory.

1. jídlo na chatu _____

2. knihy do knihovny na Karlově univerzitě _____

_____

3. koláče domů ze samoobsluhy na rohu (on the corner) _____

_____

4. koláče domů od babičky z Plzně _____

_____

(9.23) Fill in the blanks with verbs of taking, carrying and leading that are parallel to the italicized verbs.

Vzor: Kam *jedeš*? A co to *vezeš*?

1. Kam *jdeš*? A co to _____?

2. *Chodíte* tam často? _____ to vždycky s sebou?

3. Kam *jdete*? Kam _____ ty děti?

4. *Chodí* tam děti rády? _____ je tam často?

5. Kam *jedou* Maruška a Vašek? Kam _____ ty věci?

6. *Jezdí* tam každou sobotu? _____ vždycky s sebou tolik věcí?

(9.24) Šárka je průvodkyně v Praze. Answer each question on a separate sheet of paper in 2-3 sentences.
1. Co myslíte, kam vždycky vodí turisty?
2. Kam vedla turisty včera?
3. Kam povede vás, až budete v Praze? Do kterých měst vás poveze?

(9.25) Představte si, že jste průvodce/průvodkyně. Imagine that you are a tourguide. Answer each question on a separate sheet of paper in 2-3 sentences. Describe the city or state where you live now.
1. Kam vždycky vodíte turisty? Kam je vozíte?
2. Příští týden do vašeho města přijede skupina českých turistů. Kam je povedete a povezete?

(9.26) Napište česky. Write the time expressions in Czech.
David a Anna jsou na zájezdě v Čechách. Každý den jsou v jiném městě.

1. (last week) _____ byli v Praze.

2. (last Saturday) _____ byli v Českém Krumlově.

3. (the day before yesterday) _____ byli v Telči.

4. (yesterday) _____ byli v Českých Budějovicích.

5. (today) _____ jsou v Plzni.

6. (tomorrow) _____ pojedou do Karlových Varů.

7. (the day after tomorrow) _____ pojedou do Krkonoš.

8. (on Wednesday) _____ pojedou do Olomouce.

9. (next Thursday) _____ pojedou do Brna.

10. (next Saturday) _____ pojedou zpátky do Prahy.

11. (in a week) _____ poletí domů do Ameriky.

(9.27) Odpovídejte na otázky.

1. Kolikátého je dnes? _____

2. Kolik je teď hodin? _____

3. Kolikátého bylo včera? _____

4. Kolikátého bude zítra? _____

5. Kolikátého začal tento semestr? _____

6. Kolikátého končí tento semestr? _____

7. V kterých měsících máte letní prázdniny? _____

(9.28) Jaký mají program Miloš a Libuše? What is Miloš and Libuše's plan for the day?
Doplňte česky.

1. (first of all) _____ půjdou na Malostranské náměstí.

2. (then) _____ půjdou do kostela svatého Mikuláše.

3. (before lunch) _____ se budou dívat na výstavu

   v Šternberském paláci.

4. (after lunch) _____ půjdou na Pražský hrad.

(9.29) Napište o prázdninách a dovolených. Write about your vacations. Include the time in
your response.
A. Jel/a jste někam...
1. Loni? _____

2. Před rokem? _____

3. Před dvěma roky? _____

4. Před třemi roky? _____

B. Co chcete dělat…
1. Letos v létě? _____

2. Příští rok? _____

3. Za dva roky? _____

C. On a separate sheet of paper write in detail about a vacation that you have taken or would like
to take.

(9.30) Jak často? Answer the questions to describe yourself, one of your friends, or a typical
student at your school.
1. Bydlí doma s rodiči, ve vlastním bytě nebo na koleji? _____

2. Kolikrát ročně jezdí domů k rodičům? _____

3. Kdy k ním jezdí? _____

4. Na jak dlouho obvykle jezdí domů? _____

5. Kolikrát týdně chodí do knihovny? _____

6. Jak často chodí do divadla? _____

7. Jak často chodí do kina? _____

8. Jak často chodí do restaurace nebo do hospody? Které dny tam chodí? _____

   _____

9. Jak často chodí do kavárny? Co tam dělá? _____

(9.31) V kolik hodin přiletí?
A. Using information from the chart below, write 5 sentences stating when tourists from various cities will arrive at the Prague airport, Ruzyně. Use a separate sheet of paper.
Vzor: Turisté z Amsterodamu přiletí v půl deváté.

PŘÍLETY	
830	Amsterodam
9.30	Berlín (gen. -a)
10.00	Londýn (gen. -a)
10.15	Frankfurt
11.30	Madrid
11.45	Moskva
12.15	Paříž
13.30	Helsinky (z Helsinek)
14.00	Záhřeb

B. Imagine that you work for a tour company in Prague. Write a detailed itinerary for the rest of the day for one of the groups of tourists in Part A. Include time expressions.
Vzor: Nejdříve povezu turisty z Londýna do jejich hotelu. Ten hotel bude nedaleko od Pražského hradu. Dojedeme do hotelu ve tři čtvrtě na jedenáct nebo v jedenáct hodin. Půl hodiny si odpočinou (rest) a potom je povedu na Pražský hrad. Půjdeme do chrámu svatého Víta a potom do restaurace na oběd. Po obědě...

(9.32) Case Review. Opakování pádů.
1. Znáš *naše průvodkyni*?
Kde je _____?

Jsme tady s _____.

Hanka a Lenka znají _____.

Často mluví o _____

Kam jste šli s _____?

Včera večer jsme byli u _____.

Každý turista dal dárek _____.

2. Viděla jsi už *novou škodovku*?
V České republice jezdí hodně _____.

Rodiče jeli do Itálie svou _____.

Hodně lidí jezdí do Švýcarska svými _____.

Chlapci v hospodě mluvili o svých _____.

Před nádražím vidím dvě _____.

Supplementary word study: The instrumental case and adverbs

The instrumental case derives its name from the function of showing *how* something is done: the means, tool or instrument. This is very similar to the function of adverbs, which show *how*, *when* or *where* something is done. In this core function, the instrumental case can be seen as a transition between nouns and adverbs: the basis of an instrumental case form is, of course, a noun, but functionally there is a strong "adverbial" sense.

In fact, a number of adverbs in the contemporary language were originally based on the instrumental case.

jednou - once, one time, from *jedna*
najednou - suddenly

Hrajeme tenis *jednou* týdně, ve středu v *jednu* hodinu.
We play tennis once a week (*instrumental*), on Wednesdays at 1:00 (*accusative*).

předevčírem - the day before yesterday, from *včera* 'yesterday' and *před* 'before'
především - first and foremost, primarily, from *před* 'before' and *vš(echno)* 'all'

Dnes je neděle. *Včera* byla sobota, a *předevčírem* byl pátek.
Today is Sunday. Yesterday was Saturday, and the day before was Friday.

začátkem něčeho - at the beginning of something, from *začátek* 'beginning'
koncem něčeho - at the end of something, from *konec* 'end'

Začátkem července pojedu do Řecka. Vrátím se *koncem* července.
At the beginning of July I'm going to Greece. I'm returning at the end of July.

náhodou - by chance, from *náhoda* 'chance, coincidence'

-Neznáš *náhodou* Jana Malého?   -Do you by chance know Jan Malý?
                                    (Do you happen to know Jan Malý?)

-Ano. Je můj soused.   -Yes. He's my neighbor.
-To je *náhoda*! Je můj profesor. -That's a coincidence. He's my professor.

honem - quickly, in a hurry, from *hon* 'chase, hunt'

Honem! Musíme běžet!
Hurry! We have to run!

Keep an eye out for other adverbs that look like they are based on nouns. You will also find adverbs based on other cases, usually with a preposition (like *pozítří* 'the day after tomorrow').

Desátá lekce, první část
Chapter 10, Part 1

(10.1) Antonyma. Antonyms.
A. Napište antonyma. Write phrases with the opposite meaning. Keep the same aspect.
Vzor: nastoupit na autobus
→ vystoupit z autobusu

1. vystoupit z tramvaje _____

2. zahnout *doprava* _____

3. jít *zpátky* _____

4. vejít do třídy _____

5. přijít do školy _____

6. odnést knihy do knihovny _____

7. přijet z dovolené (come back from vacation / → odjet na + accusative) _____
_____

8. přiletět _____

9. odlétat _____

10. odvézt rodinu na chatu _____

11. vyvážet (import) něco do ciziny (cizina - foreign country) _____
_____

12. vyjet z garáže _____

13. vycházet z kina _____

14. nastoupit na metro _____

B. Napište věty s antonymy. Write sentences with antonyms.
Vzory: Michal jde rovně. → Michal jde zpátky.
Musíme nastoupit na autobus. → Musíme vystoupit z autobusu.

1. Musíš zahnout *doleva*. _____

2. Musíte *nastoupit na tramvaj*. _____

3. Musíte jít *zpátky*. _____

4. Kdy máte *odletět*? _____

5. Přilétá toto letadlo každý den v deset hodin? _____
_____

(10.1 B) continues on the next page.

(10.1 B), continued

6. Studenti *vcházejí do třídy*. _____

7. Auto *vjelo do garáže*. _____

8. Co *dováží* vaše země? _____

_____

9. Kdy *odjedete na dovolenou*? _____

10. V kolik hodin *přijdete* zítra *z práce*? _____

_____

11. Proč tady *vystupuješ*? _____

12. Proč zahýbáš *doprava*? Náš dům je tam *nalevo*. _____

_____

(10.2) Write the third person plural and the *ty* and *vy* imperative forms of the following verbs.

	3rd person plural	Imperative (ty)	Imperative (vy)
1. přeložit			
2. prominout			
3. napsat			
4. koupit			
5. zaparkovat			
6. podívat se			
7. zeptat se			
8. vymyslet			
9. říct			
10. zavřít			
11. přečíst			
12. vzít			
13. ukázat			
14. zavolat			
15. jít			
16. přijít			

(10.3) Answer the questions in full sentences, using (positive) imperatives.
Vzor: Mám tady vystoupit?   "Should I get off here?"
    → Ano. Vystup tady.   "Yes. Get off here."

1. Mám tady nastoupit na tramvaj? _____

2. Mám tady zahnout doprava? _____

3. Mám jít Mosteckou ulicí? _____

4. Mám přijít dnes? _____

5. Mám něco přinést? _____

6. Mám se na to zeptat? _____

7. Mám to odnést? _____

8. Mám tady přestoupit? _____

9. Mám mu to říct? _____

10. Mám jim to ukázat? _____

11. Mám to sníst? _____

12. Mám to vypít? _____

13. Mám tady stát a čekat? _____

14. Mám zaparkovat tady? _____

(10.4) Vyberte jednu z variant. Choose one of the variants.
Vzor: Máme přeložit tyto věty do angličtiny nebo do češtiny?
    → Přeložte je do češtiny.

1. Máme přestoupit na trasu A nebo na trasu B? _____

2. Máme zahnout doleva nebo doprava? _____

3. Máme jít rovně nebo zpátky? _____

4. Máme jet autobusem nebo tramvají? _____

5. Máme na stanici Můstek přestoupit nebo vystoupit? _____

6. Máme přijít v sobotu nebo v neděli? _____

7. Máme přinést koláče nebo víno? _____

8. Máme přiletět v úterý nebo ve středu? _____

9. Máme ti napsat pohled nebo dopis? _____

10. Máme ti přivézt z České republiky loutku nebo sklo? _____

(10.5) Nedokonavý nebo dokonavý vid? Choose the correct aspect.

1. Čti \ Přečti všechny ty povídky, ale nečti \ nepřečti ty básně.

2. Nezahýbejte \ nezahněte do Palackého ulice, zahýbejte \ zahněte na Národní třídu.

3. Až pojedete do Kanady, nezapomínejte \ nezapomeňte si doma pas.

4. Prosím vás, ukazujte \ ukažte mi to na mapě.

5. Prosím vás, neotvírejte \ neotevřete okno.

6. Nekupuj \ nekup jízdenky. Už je máme.

(10.6) Switch from positive to negative, paying attention to the verbal aspect.

1. Přestupte na metro. _____

2. Zahněte doprava. _____

3. Sněz ten dort. _____

4. Kupte letenky. _____

5. Zeptej se toho pána na cestu. _____

6. Jeďte metrem. _____

7. Jdi tam dnes večer. _____

8. Pojď ke mně. _____

(10.7) Libuše dělá všechno jinak, než by to chtěli její rodiče. Co jí říkají? Libuše does everything differently from what her parents want. What do they say to her? Write imperatives, following the model.
Vzor: Proč se učíš v kavárně? → Neuč se v kavárně!

1. Proč se díváš na televizi, když se máš učit? _____

2. Proč nečteš každý den noviny? (→ positive imperative) _____

_____

3. Proč piješ kávu i v noci? _____

4. Proč nepiješ mléko? _____

5. Proč chodíš tak často do kina? _____

6. Proč nepošleš babičce balík k narozeninám? _____

_____

(10.8) Jak se to řekne česky? Tell your friends Bohumil and Vlasta...

1. Get on the metro. _____

2. No, get off. _____

3. Transfer to Line B. _____

4. Turn to the left. _____

5. No, don't turn. _____

6. Don't get lost. _____

7. Go away. _____

8. No, come here. Go with me to the subway station. _____

_____

(10.9) Jak se to řekne česky? Tell your friend Ludmila...

1. to come (here) to you _____

2. not to come to you _____

3. not to go today the grocery store _____

4. to go there tomorrow _____

5. to go (drive) to the mountains on Saturday _____

6. not to go (drive) to the Brno by car _____

7. to go with you to your country house _____

(10.10) Read Dialogues 2 and 3 in the textbook. Rewrite each one describing to a friend what happened when you tried to get to Malostranské náměstí. Recount what each person you asked for directions told you to do.
Vzor: Včera jsem hledal \a Malostranské náměstí, a zabloudil \a jsem. Zeptal \a jsem někoho na cestu. Řekl mi: „Nastupte na trasu A". Tak jsem nastoupil \a na trasu A.

(10.11) Choose one of the following situations and write a dialogue.
a. Give a friend directions to get to your house from your university, on foot, by bus or by car.
or b. Give a stranger directions to the main library or some other place on campus.

(10.12) Respond to the following statements about the weather, with a third person imperative and a sentence about what you will do in each situation.

Vzor: Sněží.

→ Ať sněží. Pojedeme lyžovat. "Let it snow. We'll go skiing."

1. Prší. _____

2. Fouká vítr. _____

3. Je zima. _____

4. Je horko. _____

(10.13) Napište srovnávací stupeň. Write the comparative forms.

1. mnoho	_____	7. pozdě	_____
2. málo	_____	8. směšně	_____
3. rychle	_____	9. hlasitě	_____
4. pomalu	_____	10. tiše	_____
5. zvědavě	_____	11. hezky	_____
6. zajímavě	_____	12. teplo	_____

(10.14) Rewrite the sentences replacing the adverb with a comparative form.

1. Běžte rychle. _____

2. Nechoď domů pozdě. _____

3. Pište pozorně. (carefully) _____

4. Prosím vás, mluvte pomalu. _____

5. Zpívejte hlasitě. _____

6. Mluv tiše. _____

(10.15) Čím více, tím lépe! Všechno se vám líbí. Použijte výraz *Čím ____, tím lépe.*
Vzor: Přijedeme brzo.
→ Čím dříve, tím lépe. 'The sooner, the better.'

1. Dnes je *teplo.* _____

2. Dnes mám *málo* práce. _____

3. Dám ti *mnoho* chleba... _____

4. ...ale jen *málo* tlačenky. _____

5. Můžu zůstat v Praze *déle* než jsem čekala. _____
_____

6. Za týden se přestěhujeme do nového bytu a budeme to mít *blízko* do práce. _____
_____

(10.16) Srovnejte podle vzoru. On a separate sheet of paper write comparisons, using comparative and superlative forms of adverbs.
Vzor: Amerika, Anglie a Austrálie jsou daleko od České republiky.
Anglie je nejblíže ze všech k České republice. Austrálie je nejdále ze všech. Amerika je daleko, ale není tak daleko jako Austrálie.

1. Květoslav, Jaroslava a Ludmila bydlí daleko od univerzity. Květoslav bydlí 10 kilometrů od univerzity; Jaroslava bydlí 15 km a Ludmila 20 km.
2. Olga, Václav a Markéta bydlí blízko univerzity. Olga bydlí 100 metrů; Václava bydlí 200 m a Markéta bydlí 300 m.
3. Ludvík dlouho zná Honzu, Lukáše a Aleše. Zná Honzu 7 let, Lukáše 12 let, a Aleše 15 let.

(10.17) Něco o jídle. Dejte do instrumentálu a odpovídejte na otázky.
Vzor: -Co jíš s kečupem?
-Jím hamburgry a hranolky s kečupem.

1. Co jíte s (kečup)? _____

2. Co jíte s (hořčice)? _____

3. Co jíte s (majonéza)? _____

4. Co jíte s (pepř)? _____

5. Co jíte s (knedlík)? _____

6. Co vaříte s (houby)? _____

7. Co vaříte s (brambor)? _____

Co vaříte nebo pečete s (jablka)? _____

Exercise (10.17) continues on the next page.

Exercise (10.17), continued

B. S čím si to dáte?
Vzor: pizza → Dám si pizzu se sýrem, česnekem, paprikami a houbami.

1. chlebíček _____

2. hamburger _____

3. těstoviny _____

4. pizza _____

(10.18) Jak se to řekne česky? Review translations.
1. Where is your house located?
2. We live opposite the tram stop.
3. Go on foot to the tram stop.
4. Walk along your street. At the corner turn right.
5. Get on tram number 12.
6. Will I find it?
7. Of course. You can't get lost.
8. If you get lost, ask someone the way.
9. Come at 7:00 or 7:30.
10. Come in. Take off your coat.
11. Will you have coffee or tea?
12. How do you like our new apartment?
13. It's much lighter. I like it a lot.
14. The lighter the better.
15. Michal, please put these flowers in a vase.
16. Come to the table. Have a seat and eat before the food gets cold.
17. I made baked chicken with potatoes and cucumber salad with onions.
18. Jitka, please pass the salt and pepper.

(10.19) Choose two of the following situations and write short dialogues.
a. Give a friend directions to get to your house from your university, on foot, by bus or by car.
b. Give a stranger directions to the main library or some other place on campus.
c. Greet a visitor at your house.

(10.20) Write a paragraph about one of the following situations.
a. You get to a friend's house late and have to describe how you got lost.
b. You lost your map and have to ask several people for directions to get to the theater.
c. You visited your friend who lives with her parents and grandmother. Describe what happened
there. Say what you brought, what you said, what her parents and grandmother said, etc.
d. Describe a dinner party you attended.
e. Describe a weekend that you spent at your friend's country house.

(10.21) Popište váš byt nebo dům. On a separate sheet of paper answer the following questions, with 3-4 sentences for each. Use as many adjectives as possible in your description.
1. Kde bydlíte?

2. Kolik máte pokojů?

3. Které máte pokoje? Jaké jsou?

4. Co máte v kuchyni?

5. Co máte v ložnici?

6. Co máte v obývacím pokoji?

(10.22) Představte si, že máte nový byt. Imagine that you have a new apartment. Answer each question with a full sentence.
A. Kam dáte nábytek?

1. Do kterého pokoje dáte gauč? _____

2. Kam dáte postel? _____

3. Kam dáte stůl? _____

4. Kam dáte psací stůl? _____

B. Jaký nábytek potřebujete?

1. Co potřebujete do obýváku? _____

_____

2. Co potřebujete do ložnice (nebo do ložnic)? _____

_____

3. Co potřebujete do kuchyně? _____

4. Co potřebujete do jídelny? _____

(10.23) Dům vašich snů. Your dream house.

Typy domů	Místnosti	Nábytek	Jaké jsou
chata	kuchyně	stůl	světlý, tmavý
rodinný domek	obývací pokoj	židle	krásný, ošklivý
vila	jídelna	gauč	velký, malý
zámek (castle)	hudební síň	křeslo	drahý, levný
	pracovna (study)	koberec	čistý, špinavý
	ložnice	skříň	dlouhý, krátký
		věž, televize	vysoký, nízký
		přehrávač cédéček	dřevěný (wooden)
		videopřehrávač	černý, bílý
		postel	červený, zelený
			žlutý, modrý, fialový

A. Describe your dream house.

1. Jaký máte dům? _____

2. Kde je váš dům? (ve městě, v lese …) _____

3. Kolik máte pokojů? _____

4. Které máte pokoje? _____

   _____

5. Máte zahradu? _____

6. Máte balkon? _____

B. On a separate piece of paper write 12-15 sentences about the house. Use the information from Part A.
Vzor: Bydlím ve vile. Mám osm pokojů. Moje ložnice je malá, ale světlá.   Je tam dřevěná postel, modré křeslo, tmavá dřevěná skříň….

(10.24) Zájezdy. Trips.
Pojedete na zájezd po České republice. Každý týden budete v jiném městě.
A. Přečtěte si o tom, kde budete.

1. Město: Lipno nad Vltavou
Hotel Armín
K dispozici v hotelu: restaurace s barem, letní terasa, krytý bazén, sauna, tenisový kurt
Ubytování: dvoulůžkové pokoje, koupelna s vanou
Rekreace: Hotel je nedaleko od Lipenské přehrady. V okolí jsou turistické cesty a lesy vhodné pro sbírání hub. Možnost vodních sportů a rybaření.
Cena/osoba/den: 358 Kč

Exercise (10.24) continues on the next page.

Exercise (10.24), continued

2. Město: Sudoměřice nad Lužnicí
Rodinný dům Sudoměřice
K dispozici v hotelu: zahrada, bazén, tenisový kurt
Ubytování: čtyřlůžkové pokoje, třílůžkové pokoje a dvoulůžkový pokoje, v pokojích jsou koupelny s vanou.
Rekreace: V okolí jsou turistické cesty, rybníky a řeka Lužnice.
Možnost výletů: Na zámky Konopiště, Červená Lhota, Kratochvíle a Hluboká nad Vltavou. Do měst Tábor a Český Krumlov.
Cena/osoba/den: 195 Kč

3. Město: Písek
Chata Živec
K dispozici v hotelu: restaurace
Ubytování: čtyřlůžkové pokoje, 3 lůžkové pokoje, a 2 lůžkové pokoje; v pokojích jsou koupelny s vanou.
Rekreace: Chata Živec je v lesích, asi 3 km od centra Písku.
V letních měsících možnost plavání ve třech rybnících blízko chaty nebo na městské plovárně. Lesy jsou vhodné pro sbírání hub.
Cena/osoba/den: 170 Kč

Slovníček
dvoulůžkový pokoj - double room
čtyřlůžkový pokoj - quadruple room
cena - price
krytý - covered
osoba - person
rybaření - fishing
ubytování - accomodation
vhodný pro - good for, suited for

třílůžkový pokoj - triple room
bazén - swimming pool
koupelna - bathroom
možnost - possibility
přehrada - dam
sbírání hub - mushroom collecting
vana - bathtub
zámek - palace

B. Popište, co budete kde dělat. On a separate sheet of paper write a paragraph about what you think you are going to do in each place.

(10.25) Pavel's apartment is a mess. What does he have where?
Vzor: Boty / pod / postel
→ Má boty pod postelí.

1. učebnice angličtiny / pod / postel _____

2. klíče / pod / sešity _____

3. tužky / pod / psací stůl _____

Exercise (10.25) continues on the next page.

Exercise (10.25) continued
4. esej o Karlu Čapkovi / pod / časopisy a noviny _____

_____

5. ponožky / za / knihovna _____

6. šaty / na / podlaha (floor) / mezi / postel a skříň _____

_____

7. kalhoty / na / podlaha / v / koupelna _____

_____

8. lžíce (pl.) a talíře (pl.) / v / obývací pokoj / pod / gauč _____

_____

9. kolo / v / kuchyně / mezi / lednička a trouba _____

_____

10. one item of your choice; use *pod, mezi* or *za* + the instrumental case for the location

_____

(10.26) Něco o geografii. Answer the questions with a full sentence. More than one answer is possible for each question. For the names of countries see the beginning of Chapter 9 (textbook); for a map of the Czech Republic see Chapter 1, page 24.
1. Které země jsou blízko České republiky? (země - country) _____

_____

2. Které země jsou daleko od České republiky? _____

_____

3. Která česká města jsou blízko Prahy? Která jsou daleko od Prahy? _____

_____

(10.27) Kde je filosofická fakulta? Use the cues below to write sentences.
A. Filosofická fakulta Karlovy univerzity je blízko...

1. Staroměstské náměstí _____

2. knihkupectví „Fischer" _____

3. Městská knihovna _____

Exercise (10.27) continues on the next page.

Exercise (10.27) continued
B. Filosofická fakulta Karlovy univerzity je vedle...

1. Uměleckoprůmyslové muzeum (Museum of Decorative Arts) _____

_____

2. židovský hřbitov (gen. -a) _____

3. stanice metra „Staroměstská" _____

C. Je nedaleko od...

1. Václavské náměstí _____

2. Národní knihovna Klementinum _____

3. Karlův most _____

D. Je naproti...

1. Rudolfinum (like *muzeum*) _____

2. Vysoká škola umělecko-průmyslová _____

3. řeka Vltava _____

(10.28) Libor bydlí na koleji. Kde bydlí jeho kamarádi? Napište věty podle vzoru. Write sentences according to the model.

Vzor: Ivan, vedle
        → Bydlí vedle Ivana.

1. Tomáš, pod _____   4. Marek, vedle _____

2. Filip, nad _____   5. Vilém, naproti _____

3. Markéta a Julie, mezi _____

(10.29) Napište srovnávací stupeň. Write comparative forms of the following adjectives.

1. dobrý	_____	10. čistý	_____
2. starý	_____	11. mokrý	_____
3. inteligentní	_____	12. suchý	_____
4. hloupý	_____	13. milý	_____
5. bohatý	_____	14. chytrý	_____
6. chudý	_____	15. tichý	_____
7. hubený	_____	16. dlouhý	_____
8. tlustý	_____	17. velký	_____
9. špinavý	_____	18. malý	_____

(10.30) Napište antonyma.

1. největší _____
2. nejdelší _____
3. nejstarší _____
4. nejhorší _____

5. nejvyšší _____
6. nejlepší _____
7. nejzajímavější _____
8. nejveselejší _____

(10.31) Write responses.
Ivan a Milena mluví. Ivan si stěžuje na nový byt. Milena mu říká, že jeho byt je dobrý, nebo aspoň lepší než její. Write Milena's responses to Ivan's complaints.
Vzor: I: Kuchyně je malá. Tam se nedá vařit.
        M: Kuchyně je malá, ale je větší než moje a je světlá. Moje kuchyně je mnohem menší.
           "The kitchen is small, but it's bigger than mine and it's bright. My kitchen is much
            smaller."

I: Obývák je temný. Tam se nedá číst.

M: _____

I: Gauč je tvrdý. Na něm se nedá sedět.

M: _____

I: Sousedé mluví hlasitě a v ložnici se nedá spát.

M: _____

I: Okna jsou malá.

M: _____

I: Vana je také malá.

M: _____

I: Koberce jsou ošklivé.

M: _____

(10.32) Srovnejte. Compare.
On a separate sheet of paper compare the following. Write 4-6 sentences for each using the following expressions: o mnoho *or* mnohem, trochu, stejný, takový jako, podobný, jiný než
A. Váš pokoj u rodičů a na univerzitě. Your rooms at your parents' and at the university.
B. Město, v kterém jste se narodil/a a město, v kterém teď bydlíte.

(10.33) Compare the following people, writing 2-3 sentences for each one.
Vzor: Máte rád/a Ondřeje, ale máte ještě radši Tomáše. Proč?
→ Tomáš je milejší a veselejší než Ondřej.

1. Máte rád/a Katku, ale máte ještě radši Alenu. Proč?

_____

_____

2. Milada je dobrá studentka, ale Ilona je ještě lepší. Jaké jsou?

_____

_____

3. Pan Novák je dobrý profesor, ale pan Kocourek je ještě lepší. Jací jsou? Jak přednášejí?
Jaké domácí úkoly dávají?

_____

_____

(10.33) A. České nej-.
Write sentences using the following information.
Vzor: most famous city: Praha
→ Nejznámější město je Praha.

1. Biggest city: Praha _____

2. Biggest square in Prague: Karlovo náměstí _____

_____

3. Oldest university: Univerzita Karlova (1348) _____

_____

4. Oldest spa (*lázně*, plural): Karlovy Vary _____

_____

Exercise (10.33) continues on the next page.

Exercise (10.33) continued

5. Highest mountain (hora): Sněžka (v Krkonoších) _____

_____

6. Deepest river (*řeka*): Vltava _____

7. Most famous writers, composers, artists and athletes: What do you think? Pick three.

_____

_____

_____

B. Americké nebo kanadské *nej-*. Write 2-3 facts or opinions about your country.

_____

_____

_____

(10.34) Jak se to řekne česky? Review translation; Part 1.
Starší paní se vás ptá na cestu. Řekněte jí ...
1. Take the metro. (go by metro)
2. Get onto the metro here.
3. Take the metro to the station Můstek.
4. Transfer at the station Můstek.
5. Get off at the station Hradčanská.
6. Don't get off at the station Malostranská.
7. Go (walk) to the corner.
8. Turn left at the corner.
9. Ask someone the way if you get lost.
10. Don't worry; everyone knows where Dejvická Street is.

(10.35) Jak se to řekne česky? Review translation; Part 2.
1. Ilona lives in a villa with six rooms.
2. Her bedroom is large and light.
3. She has a wide bed, a big desk, a blue armchair and a green rug.
4. The bed is wider than the desk.
5. Her sister has a larger bedroom.
6. Her parents have the largest bedroom.
7. The kitchen is smaller and darker than the dining room.
8. They have a garden with trees and flowers.
9. The trees in front of the house are much taller than the trees behind the house.
10. She lives on a quieter street than I do, but my apartment is closer to the university.

Jedenáctá lekce, první část
Chapter 11, Part 1

(11.1) What places, events and objects do you associate with the following people?
List at least three for each.
Vzor: sochař a sochařka (sculptor, sculptress)
      → socha, výstava soch, galerie, muzeum...

1. herec a herečka _____

2. hudebník a hudebnice _____

3. malíř a malířka _____

4. zpěvák a zpěvačka _____

5. režisér a režisérka _____

6. skladatel a skladatelka _____

7. tanečník a tanečnice _____

8. váš nejlepší přítel / vaše nejlepší přítelkyně _____

(11.2) Odpovídejte na otázky. Answer the questions in full sentences.

1. Rád/a chodíte do divadla? _____

2. Rád/a chodíte na balet a na operu? _____

3. Rád/a chodíte do kina? Které herce, herečky a režiséry máte nejradši? _____
_____

4. Rád/a chodíte na koncerty? Máte oblíbeného skladatele nebo oblíbenou hudební skupinu?
_____

5. Rád/a chodíte do muzeí a galerií? Máte oblíbeného malíře nebo sochaře? _____
_____

(11.3) Kam jdete? Fill in appropriate "events": movies, plays, concerts or exhibits. Include an
adjective and/or names of people in the arts.
Vzor: Jdeme do kina...
      → na nový film od Jiřího Menzela.

1. Jdeme do divadla... _____

2. Jdeme do galerie... _____

3. Jdeme do koncertní síně Rudolfinum... _____

4. Jdeme do kina... _____

Word study: People in the arts, 1.

Just as the word *učitel* "teacher" is based on the verb *učit* "to teach", nouns referring to people in the arts are often closely related to the corresponding verbs.

(11.4) Match up the following nouns and verbs.

1. _____ tanečník, tanečnice	a. dirigovat
2. _____ zpěvák, zpěvačka	b. hrát
3. _____ dirigent, dirigentka	c. malovat
4. _____ malíř, malířka	d. skládat / složit
5. _____ herec, herečka	e. tančit
6. _____ skladatel, skladatelka	f. zpívat

(11.5) Co dělají? Fill in present tense verb forms.

1. Ten malíř _____ obraz.

2. Ta zpěvačka ráda _____ písně Franze Schuberta.

3. Ten dirigent rád _____ symfonie Antonína Dvořáka.

4. Ti skladatelé _____ symfonickou i komorní hudbu. ("chamber music")

5. Ta herečka _____ hlavní roli v novém filmu Věry Chytilové.

Word study: People in the arts, 2.

Nouns for musicians are generally based on the corresponding instrument. They are formed by adding the suffix *-ista* for masculine (or unspecified) reference and *-istka* for reference to a woman.

(11.6) Say what instrument each of the following musicians plays, using the construction *hrát na* + the accusative case.
Vzor: flétnista
    → Flétnista hraje na flétnu.

1. klarinetista _____

2. klavírista _____

3. kytarista _____

4. houslista _____

5. violista _____

6. saxofonista _____

(11.7) Say that Eva wants each of the following people to buy tickets. Use forms of *aby* and past tense verb forms. Unless a name is given you can choose the gender (and number for *vy*) forms.

Vzor: Jan, lístky do divadla
→ Eva chce, aby Jan koupil lístky do divadla.

1. já, lístky do kina _____

2. ty, lístky na koncert _____

3. my, lístky na výstavu _____

4. František, lístky do muzea _____

5. vy, lístky na operu _____

6. Pavel a Jana, lístky do divadla _____

_____

7. my, lístky na koncert České filharmonie _____

_____

8. já, lístky na balet Bedřicha Smetany _____

_____

9. vy, lístky na operu Leoše Janáčka _____

_____

10. Věra a Tereza, lístky na tu novou hru _____

_____

(11.8) Complete the sentences following the model.
Vzor: (my, přijít)
→ Marie chce, *abychom přišli* do divadla už v půl osmé.

1. (vy, přijít) Katka chce, _____ do kina už ve čtvrt na osm.

2. (ty, odejít) Mirek prosí, _____ z práce už v půl páté.

3. (my, přečíst si) Jiří chce, _____ hru, než s ním půjdeme do divadla.

4. (vy, jít) Karel chce, _____ s ním _____ na koncert.

5. (Jana, půjčit) Libuše poprosila Janu, _____ jí _____ tu kazetu.

6. (já, poslouchat) Petra chce, _____ to nové cédéčko.

7. (rodiče, půjčit) Michal poprosil rodiče, _____ mu _____ auto.

8. (jeho dívka, chodit) Milan chce, _____ s ním

_____ na koncerty.

(11.9) Replace the italicized part of the model sentence, keeping *ty* forms: *abys, aby ses* or *aby sis*. Be careful with word order.

Vzor: zeptat se u pokladny na lístky

→ Chceme, aby *ses zeptala u pokladny na lístky*.

We want you to ask at the box office about tickets.

1. zeptat se, kolik lístky stojí _____

2. koupit si lístek už dnes _____

3. koupit lístky i pro ně _____

4. přijít k nám na návštěvu _____

5. podívat se na naše fotky z dovolené _____

_____

6. ukázat nám fotky své rodiny _____

7. procházet se s námi po městě _____

_____

8. představit se našemu novému sousedovi _____

_____

9. představit nás tvým rodičům _____

10. mít se tady dobře _____

(11.10) Rewrite using forms of *aby*. Be careful to distinguish between *ty* and *vy* forms.

Vzory: Ukaž mi svoji novou kytaru.

→Chci, abys mi ukázal svoji novou kytaru.

Ukažte mi ji.

→ Chci, abyste mi ji ukázala.

1. Ukažte nám svoje nové housle. _____

2. Ukažte nám je. _____

3. Ukažte je mně a Honzovi. _____

4. Podívej se na ně. _____

5. Zeptejte se toho klavíristy, jaký má klavír. _____

6. Zeptejte se ho na něj. _____

7. Zeptej se té herečky na její oblíbené filmy. _____

8. Zeptej se jí na ně. _____

(11.11) Rewrite the second half of each sentence with imperative forms. Be sure to substitute the correct pronouns.

Vzor: Naši přátelé nám řekli, abychom k nim přijeli na chatu.

       → Přijeďte k nám na chatu.

1. Můj kamarád Hynek chce, abych k nim v sobotu přijel do Brna.

    _____

2. Doporučuje, abych odjel z Prahy brzo ráno.

    _____

3. Poprosil, abych si sebou vzal fotoaparát.

    _____

4. Asi mě poprosí, abych vyfotil jeho nový dům.

    _____

5. Božena řekla, abychom k ní přišli do kanceláře.

    _____

6. Chce, abychom s ní šli na oběd.

    _____

7. Zakazuje, abychom u ní v kanceláři kouřili.

    _____

8. Ale dovoluje, abychom si u ní půjčovali knihy.

    _____

9. Doporučuje, abychom přečetli tu knihu o českém malíři Josefu Ladovi.

    _____

10. Poradila nám, abychom šli na výstavu obrazů od Josefa Lady.

    _____

(11.12) On a separate sheet of paper combine elements from each column to write 6 sentences. Use forms of *aby* in the meaning of "in order to".

Vzor: Jedu taxíkem na nádraží, abych přijel včas.

Co dělá?	Proč? Aby + past tense
Jedu taxíkem na nádraží,	vyspat se
Jaroslav běží na přednášku,	moct se dívat doma na české filmy
Zítra Anna vstane pozdě,	mít hodně peněz
Oldřich pracuje v bance,	přijet včas
Koupím si videopřehrávač,	přijít včas
Učím se česky,	?
Chci jet do České republiky,	?

(11.13) Fill in *že* or forms of *aby* and put the verb in parentheses in the correct form. Be careful with the tense of the verb.

A. Jdeme na výlet.

1. Zdá se mi, _____ dnes _____ hezké počasí na výlet. (být)

2. Myslím si, _____ zítra _____ venku hezky. Bude zima. (nebýt)

3. Doporučuji vám, _____ _____ na výlet už dnes a ne zítra. (jít)

4. Doufám, _____ _____ dnes dopoledne volno. (mít - vy)

5. Zdá se mi, _____ dnes odpoledne _____ (pršet)

6. Nechci, _____ _____ (pršet), až budeme na výletě.

B. O rodičích

1. Když jsem byl malý, rodiče mi nedovolovali, _____ _____ každý den _____ na televizi. (dívat se - já)

2. Dovolovali mi jen, _____ _____ na ni _____ v sobotu a v neděli (dívat se - já)

3. Chtěli, _____ _____ na flétnu nebo na klarinet. (hrát - já)

4. Chtěli, _____ moje sestra _____ na violoncello nebo na violu. (hrát)

5. Teď jsem rád, _____ _____ hrát na flétnu. (hrát - já)

6. Doufám, _____ moje děti _____ také _____ na nějaký hudební nástroj. (hrát)

7. Nevím, jestli jim budu zakazovat, _____ _____ každý den _____ na televizi. (dívat se - oni)

8. Asi jim budu dovolovat, _____ _____ na ni _____ každý den jenom hodinu. (dívat se - oni)

(11.14) Rewrite as reported speech, using forms of either *aby* or *že*. Be sure to change pronouns whenever necessary.

Vzor: Martin nám řekl: „*Chci* se *vás* na něco zeptat."
Martin řekl, *že* se *nás chce* na něco zeptat.

1. Marek řekl: „Včera večer jsem byl v divadle."

_____

2. Řekl nám: „Chtěl jsem vás pozvat, ale nebyli jste doma."

_____

Exercise (11.14) continues on the next page.

Exercise (11.14), continued

3. Doporučil nám: „Kupte si lístky na tu hru."

_____

4. Řekl: „Určitě se vám bude líbit." (určitě - definitely)

_____

5. Bára mi řekla: „Nechoď do kina."

_____

6. Řekla: „Nebude se ti ten film líbit."

_____

(11.15) Otázky u pokladny. Questions at the box office. Write sentences reporting that the following questions were asked.
Vzor: já, Bude dnes představení?
       → Zeptal/a jsem se, jestli bude dnes představení.

1. my, Bude to česká hra? _____

2. Ludmila, V kolik začíná představení? _____

_____

3. Pavel, Kolik stojí lístky? _____

4. Hana a Hynek, Máte slevu pro studenty? _____

_____

5. my, V kolik končí představení? _____

6. naše dítě, Prodává se v divadle zmrzlina? _____

_____

7. já, Není vyprodáno? ("sold out") _____

8. Mirek, Kdo bude hrát hlavní roli? _____

_____

(11.16) Pražské galerie a muzea.

Using the information in the following chart, describe on a separate sheet of paper where each person or group of people was and what he or she saw. Write two sentences for each, as in the model.

Vzor: Andrea byla v Jiřském klášteře. Viděla tam staré české umění.

Kdo	Galerie nebo muzeum	Co je tam vystaveno? ("exhibited")
Kryštof	Jiřský klášter ("monastery")	staré české umění (gotické a barokní)
Jarmila	Anežský klášter	české umění z 18. a 19. století
Marie a Hana	Šternberský palác	evropské umění
Alžběta a Jakub	Loreta	královské klenoty (royal jewels)
Zuzana a Michal	Památník písemnictví	staré knihy

(11.17) Kam by každý z nich chtěl jít v sobotu? Say where everyone would like to go on Saturday.

Vzor: Vítek se zajímá o moderní umění.
    → Chtěl by jít na výstavu moderního umění.

1. Dalibor se zajímá o gotické umění. _____

2. Alena se zajímá o sklo. _____

3. Vladimír se zajímá o etnografii. Jeho nejoblíbenější muzeum je Národní muzeum. _____
    _____

4. Z pražských galerií a muzeí má Petra nejradši Šternberský palác. _____
    _____

5. Petr rád chodí do antikvariátů. _____

6. Helena ráda chodí na koncerty v barokních kostelích. _____
    _____

7. já - ? _____

8. můj/moje spolubydlící nebo soused/ka - ? _____

(11.18) Substitute the italicized subject and verb form in the sentence: *Ten film* by se ti určitě *líbil* "You'd definitely like this movie."

1. ta výstava _____

2. ty obrazy _____

3. ten plakát ("poster") _____

4. ty sochy _____

Exercise (11.18) continues on the next page.

Exercise (11.18), continued

5. ta galerie _____

6. to muzeum _____

7. taková muzea ("museums like this") _____

8. taková hudba _____

(11.19) Zdeněk wants to go to the theater in Prague, and his friend Helena is giving him advice. She tells him what she would do in his place. Write sentences following the model.
Vzor: jít na novou hru Josefa Topola
       → Já bych šla na novou hru Josefa Topola.

1. koupit lístky před představením _____

2. jít do divadla ve všední den (on a weekday) _____
_____

3. zeptat se u pokladny na slevu pro studenty _____
_____

4. přijít do divadla včas (on time) _____

5. jít po představení do kavárny v Obecním domě _____
_____

(11.20) Pozvání. Write invitations to the following events. Specify a time for each.
Vzor: Jarda, kino
       → -Jardo, šel bys se mnou v pátek večer do kina?

1. Šárka, výstava současných českých malířů _____
_____

2. Karel, koncert rockové skupiny Laura a její tygři _____
_____

3. Pavla a Petr, výstava barokního malířství (painting) _____
_____

4. Jana a Ivan, koncert České filharmonie _____
_____

(11.21) Zeptejte se na cestu. Ask for directions, using negative conditional forms.
Vzor: ukázat nám cestu na nádraží
→ Prosím vás, neukázal byste nám cestu na nádraží?

1. ukázat mi cestu na mapě _____

_____

2. říct mi, jak se dostanu na Staroměstské náměstí _____

_____

3. dovést nás na filosofickou fakultu Karlovy univerzity _____

_____

4. ukázat mi, kde mám přestoupit na trasu A _____

_____

5. pomoct mi s těmi těžkými věcmi (těžký - heavy) _____

_____

6. zavřít okno _____

_____

(11.22) Jak se to řekne česky?
1. -Excuse me. Could you tell me how to get to Malostranské náměstí?

_____

2. -Turn to the left here and get on the subway. You'll need to transfer.

_____

3. -Could you show me on the map where I need to transfer?

_____

4. -I'd be glad to show you (use rád/a) but I have to get on the bus now.

_____

(11.23) Co by Iva radši dělal/a? Using the cues in parentheses, write Iva's responses to Vilém's suggestions. Write two sentences as in the model.

Vzor: Vilém: Pojďme do hospody. (galerie)
Iva: Do hospody se mi nechce jít. Radši bych šla do galerie.

Vilém říká:

1. Pojďme do knihkupectví. (výstava sochaře Josefa Myslbeka)

_____

2. Pojďme do restaurace. (kino)

_____

3. Pojďme na mejdan. (výstava moderního umění)

_____

4. Pojďme na výstavu starého českého umění. (Národní muzeum)

_____

5. Pojďme do kavárny. (koncert)

_____

(11.24) Write out a sentence for each grammatical person answering the question, „Co byste dělali, kdybyste nemuseli pracovat?"

1. (já) _____

2. (ty) _____

3. Václav Havel _____

4. (my) _____

5. (vy) _____

6. vaši nejbližší přátelé (closest friends) _____
_____

(11.25) Napište krátkou esej. On a separate sheet of paper, write a short essay about one of the following themes. Co byste dělal/a …

1. ...kdybyste měl/a možnost se seznámit s jedním českým spisovatelem, hudebníkem nebo umělcem?
2. ...kdyby vás Václav Havel pozval na premiéru své nové hry?
3. ...kdyby Filip Topol vas poprosil, abyste hrál/a a zpíval/a na koncertě rockové skupiny Psí Vojáci?

(11.26) Kdybyste byl hercem nebo herečkou ... If you were an actor or an actress ... Answer the questions in complete sentences on a separate piece of paper.

1. Radši byste hrál/a ve filmu nebo v divadle?
2. S kterými herci, herečkami a režiséry byste chtěl/a natáčet film nebo hrát v divadle?
3. Kde byste bydlel/a?
4. Měl/a byste psa nebo kočku?
5. Pracoval/a byste i v létě?
6. Jezdil/a byste do práce tramvají, metrem, taxíkem nebo svým vlastním autem?
7. S kým byste se chtěl/a seznámit?
8. Psal/a byste hry nebo filmové scénáře? (film scripts) O čem?
9. Jak často byste chodil/a do kina nebo do divadla?
10. Na čí filmy a hry byste chodil/a? ("whose")

(11.27) Write 2-3 paragraphs on the following topic on a separate sheet of paper: Kdybych byl/a režisérem/ režisérkou a měl/a možnost natáčet film v České republice... "If I were a film director and had the opportunity to make a film in the Czech Republic..."
Here are some questions to get you started:
1. O čem by ten film byl?
2. Kdo by napsal scénář (script)?
3. Kdo by hrál hlavní role?
4. Hrál/a byste sám/sama nějakou roli v tom filmu?
5. Kde byste natáčel/a ten film? Ve kterých městech?

(11.28) Kdy se sejdou? Kdy se rozejdou? Write sentences saying when the following people are going to get together and part, based on the times of the events that they are going to. Be sure to give them some time before and after each event.
Vzor: Jana, Ondra a Vojta jdou do divadla. Představení začíná v 19.00 a končí v 21.15.
→ Sejdou se v půl sedmé a rozejdou se v půl desáté.

1. Marie, Lukáš, Karel a Ivan jdou do kina. Film začíná v 20.00 a končí v 21.45.

_____

_____

2. Jaroslav, Eva a Věra jdou na operu. Představení začíná v 19.30 a končí v 22.30.

_____

_____

3. Dnes odpoledne jdou Ludvík a Milan na fotbalový zápas. Zápas začíná v 14.00 a končí v

15.30. _____

_____

4. Dnes odpoledne jdou Květa, Bohumil, Ludmila a Bedřich na výstavu. Potom půjdou do

restaurace. _____

_____

(11.29) Pozítří odjedou Bára a Jakub na dovolenou do Itálie. Co už koupili a co ještě musí koupit? Bára and Jakub are leaving the day after tomorrow for a vacation in Italy. Write sentences according to the models saying what they have bought and will need to buy for their trip. Use forms of the verb *zajít* "to stop by".
A. Včera koupili několik věcí po cestě domů.
Vzor: Bára, knihkupectví, průvodce
→ Bára zašla do knihkupectví pro průvodce.
"Bára stopped by a bookstore for a guidebook."

1. Bára, banka, italské liry _____

2. Jakub, nádraží, jízdenky _____

3. Jakub, cestovní kancelář, prospekty _____

4. Bára, knihupectví, mapa Itálie a plán Říma _____

_____

Exercise (11.29) continues on the next page.

Exercise (11.29), continued
B. Zítra také koupí několik věcí po cestě domů.
Vzor: Jakub, obchodní dům Kotva, deštník
        → Jakub zajde do obchodního domu Kotva pro deštník.

1. Jakub, obchod Foto, film _____

    _____

2. Bára, banka, cestovní šeky _____

    _____

3. Jakub, obchodní dům Bílá lábut', sluneční brýle _____

    _____

4. Jakub, knihkupectví, učebnice italštiny a italský slovník _____

    _____

5. Bára, obchodní dům Kotva, větší kufr _____

    _____

(11.30) Kde jsou v divadle nejlepší místa? Kde jsou ta nejhorší? Say where the best and worse seats in a theater are.
Choose from: vepředu, vzadu
              nalevo, napravo, uprostřed
              dole, nahoře

1. Nejlepší místa jsou... _____

2. Nejhorší místa jsou... _____

(11.31) Dialog. Fill in the blanks with adverbs of location.

-Dobrý den. Máte ještě lístky na dnes večer?

-Ano. Jsou tu dva do třetí řady _____.
                                      on the left

-Nemáte něco _____?
                   in the middle

-Mám dvacátou řadu _____, ale je to až _____.
                        in the middle   in the back

    Odtamtud není tak dobře vidět.

-Dobře, radši si koupím ty dva lístky _____ _____.
                                             in the front   on the left

◆ 186 ◆

(11.32) Fill in the corresponding adverbs to indicate motion.
Vzor: Lenka je tady.
      → Lenka přišla sem.

1. Lenka je doma. Lenka přišla _____.

2. Lenka je venku. Lenka vyšla _____.

3. Lenka je nahoře v třetím patře. Lenka šla _____.

4. Lenka je dole v prvním patře. Lenka šla _____.

5. Lenka a Pavel jsou vevnitř. Vešli _____.

6. Lenka a Pavel jsou jinde. Šli _____ _____. (somewhere else)

7. Lenka a Pavel jsou vpředu, před domem. Šli _____.

8. Lenka a Pavel jsou vzadu, za domem. Šli _____.

9. Lenka a Anežka byly tady, ale teď už tu nejsou. Šly _____ _____. (somewhere else)

10. Lenka a Anežka byly venku, ale už tam nejsou. Vešly _____.

11. Lenka a Anežka byly vevnitř, ale už tam nejsou. Vyšly _____.

12. Lenka a Anežka byly nahoře, ale už tam nejsou. Šly _____.

(11.33) Každý chce dělat něco, co nemůže. Each of the following people wants to do something that he or she can't. Write 6 sentences using the modal verbs *chtít*, *moct* and *muset*.
Vzor: Jarda chce jít na koncert, ale nemůže, protože musí pracovat.

Kdo	Co chce dělat?	Co musí dělat?
Jarda	jít na koncert	pracovat
Monika	jít do kina	učit se
Mirek	jít na hokejový zápas	jít na přednášky
tito studenti	číst nový román Michala Viewegha	psát domácí úkoly
my	jít	jít na návštěvu k tetě
ty	dívat se na televizi	dívat se na její fotografie z dovolené
já	?	?

1. _____

2. _____

3. _____

4. _____

5. _____

6. _____

(11.34) David wants to become the next president (or prime minister) of your country. Pick at least 6 of the following and write sentences about what he can, should, must and must not do.

быть (americký) občan ("citizen")   seznámit se s (kým?)
hodně číst   studovat práva (law)
hodně pít a kouřit   studovat dějiny
mít pěknou ženu   umět francouzsky (španělsky, česky...)
mít kamaráda/y na důležitých místech   ?

Keep in mind the following distinctions:
musí: he must   smí: he is allowed to
nemusí: he doesn't have to   nesmí: he isn't allow to
měl by: he ought to
neměl by: he shouldn't

1. _____

2. _____

3. _____

4. _____

5. _____

6. _____

(11.35) Přečtěte následující odstavec a odpovídejte na otázky na zvláštním papíře. Read the following story. On the basis of the information there, make up possible answers to the questions that follow. Use a separate sheet of paper.

Lucie je studentka. Je z Brna. Studuje malířství na Akademii výtvarních umění v Praze. Ráda chodí do galerií a muzeí. Má nejradši moderní malířství a sochařství. Také má ráda rockovou hudbu. Ráda chodí na koncerty a tančí v klubech. Lucie bude příští rok studovat na vaší univerzitě.

Co si myslíte...
1. Co by ve vašem městě nebo ve vašem státě chtěla vidět?
2. Do kterých muzeí by chtěla jít?
3. Co by u vás mohla studovat?
4. Co by musela dělat, aby dostávala jedničky? ("get A's")
5. Pomohlo by jí s angličtinou, kdyby také pracovala? Kde by mohla pracovat?
6. Co by mohla dělat o víkendech?
7. Kam byste s ní šel/šla?
8. Kam byste s ní chodil/a? (regularly)
9. Kam by s ní šli vaši spolužáci z češtiny? (spolužák - classmate)
10. Kam by s ní chodili vaši spolužáci z češtiny?

(11.36) Imagine that you're considering spending the summer in the Czech Republic. On a separate sheet of paper answer the following questions.

1. Co byste chtěl/a dělat v České republice?
2. V kterém městě byste chtěl/a bydlet?
3. Co byste mohl/a dělat v České republice v létě?
4. Co byste musel/a teď dělat, kdybyste chtěl/a letos v létě jet do České republiky?
5. Co byste musel/a hned koupit a zařídit, kdybyste chtěl/a jet do České republiky za týden?
    (hned - right away; zařídit - to make arrangements)

(11.37) Jak se to řekne česky? Write Czech equivalents on a separate sheet of paper.
1. I shouldn't have gone to the movie last night.
2. I shouldn't have come home so late.
3. I didn't get enough sleep, and now I'm tired.
4. If I hadn't gone to the concert, I would have gotten enough sleep.
5. I can't read, because I just want to sleep.
6. But I have to read (through) this novel today.
7. If I didn't have to read (through) this novel, I'd listen to music or watch TV.

(11.38) You are making plans with your friend Ivan. Make suggestions using the construction *Co kdybychom...?*.
1. Co bys chtěl/a dělat v pátek večer?_____

_____

2. Kde by ses chtěl/a sejít?_____

_____

3. Kdy?_____

4. Asi bychom potom měli hlad. _____

_____

(11.39) Doplňte. Fill in the blanks.
1. Všichni chtěli vidět hru Václava Havla *Vernisáž*. _____ byly lístky hned vyprodány.
    therefore

2. _____ Jaromír a Jitka měli kamaráda, který pracoval v pokladně,
    even though

    nemohl pro ně lístky koupit.

3. „Nemohl bych prodat lístek _____ své matce," říkal jejich kamarád,
    not even

    „_____ žádné lístky už nemáme."
    because

Exercise (11.39) continues on the next page.

Exercise (11.39), continued

5. „Všichni chtějí vidět tu hru, _____ lidé, _____ nemají rádi divadlo," říkal.

even, who

6. „Nějak lístky dostat musíme," říkala Jitka. „_____ je koupíme,

either

_____ je ukradneme." (krást / ukrást - to steal)

or

7. „Krást lístky nemůžeme," říkal Jaromír. „Chceš, abychom šli sedět do vězení (jail),

_____ do divadla? A lístky stejně v pokladně už nemají."

instead of

8. „_____ máš asi pravdu," říkala Jitka.

on the one hand

„Ale_____ se musíme na tu hru nějak dostat!"

on the other hand

9. „Počkej, já mám nápad (idea)," řekl Jaromír. Co kdybychom se zeptali, jestli v divadle

nepotřebují uvaděče (ushers)? Tak bychom mohli pracovat a _____ se dívat

at the same time

na hru."

Čtení. Václav Havel: Vernisáž

Místo úvodu. In place of an introduction.
  The play *Vernisáž* takes place in the apartment of *Věra* and *Michal*. They are being visited by their friend *Bedřich*. The setting is the living room, a large room connected to a raised dining room; through a connecting window the kitchen is also visible. The living room is decorated with a mix of antiques and other objects, among which are an antique table, a Chinese vase, a Baroque cherub, crystal painted with folk images, a Russian icon, a Gothic Madonna and a confessional. The shag carpet is layered over with Persian rugs. The dining room is decorated in a rustic style.
  When the curtain rises, Bedřich, who presumably just arrived, is standing at the door, holding flowers behind his back. Věra and Michal are standing opposite him. The following passage is an excerpt from the opening scene.

Věra   Jsme moc rádi, že jsi přišel -
Michal   Báli jsme se, že už nepřijdeš -
Věra   Velice jsme se už na tebe těšili -
Michal   Co budeš pít? Whiskey?
Bedřich   Třeba -
(Michal přistoupí k servírovacímu stolku a začne u něho připravovat tři sklenice s whiskou; Bedřich je okamžik v rozpacích, pak podá Veře kytici)
Věra   Ach, ty jsou hezké! *(bere kytici a prohlíží si ji)* Ty nikdy nezapomeneš - *(voní k ní)* A jak voní! Díky, Bedřichu -
(Věra jde do pozadí, naaranžovat kytici do vázy; Bedřich se zvědavě rozhlíží; krátká pauza)
Bedřich   Tady se to nějak změnilo -
Věra   Však se s tím Michal pěkně nadřel! Znáš ho přece, když se do něčeho pustí: nepřestane, dokud nemá všechno tak, jak si naplánoval -
Michal   Dodělal jsem to předevčírem, nikdo tu ještě nebyl, takže dnes máme vlastně takovou malou vernisáž. S ledem?
Bedřich   Třeba -
(Věra se vrací; Bedřich se stále překvapeně rozhlíží) Kdes to všechno sehnal?
Michal   To víš, snadné to nebylo. Nějaké kontakty mezi starožitníky a sběrateli jsem měl, nějaké jsem si musel vytvořit, hlavně jsem ale nesměl vzdávat, když jsem něco hned napoprvé nesehnal -
Věra   Ale povedlo se mu to, viď?
Bedřich   Hm -
Věra   Přiznám se, že jsem sama nečekala, že to tak dobře dopadne! Když máš totiž dát kvartýru nějaký ksicht, nestačí, že máš rád staré věci - musíš je umět taky sehnat a musíš mít cit na to, jak je v kvartýře nejlíp prezentovat a jak je nejlíp zkombinovat s moderními zařízením - no a tohle všechno, jak se ukázalo, Michal výborně dokáže - proto taky tady nenajdeš jediný kiks -
(Michal podá Věře a Bedřichovi sklenice, pak i vezme svou, pozvedne ji a obrátí se k Bedřichovi)
Michal   Tak tě u nás, Bedřichu, srdečně vítáme -
Věra   Už se nám po tobě stýskalo -
Michal   Když jsem to tady zařizoval, často jsem na tebe myslel - co asi řekneš, až to všechno uvidíš -
Bedřich   Tak na zdraví!
(Všichni se napijí. Krátká pauza)
Michal   Kdybych ovšem neměl podporu Věry, nikdy by to nemohlo takle dopadnout. Ostatně nebyla to jen věc podpory a porozumění, ale i přímé pomoci! Například támhle ten turecký kynžál - jak se ti líbí?
Bedřich   Hezký -
Michal   A jak sem zapadá?
Bedřich   Dobře -
Michal   No vidíš, a ten přinesla Věra sama od sebe a dokonce ho tam sama pověsila - a přitom vůbec nevěděla, že přesně něco takového jsem nad krb sháněl! Není to ohromné?
Bedřich   To je fajn -
(Krátká rozpačitá pauza)
Věra   Posaď se -
Bedřich   Děkuji -

(11.40) Using expressions from the text, give Czech equivalents of the following sentences and expressions. Write your translations on a separate sheet of paper.
1. I am very happy that you (*vy*) came.
2. I was afraid that you would not come.
3. I was really looking forward to seeing you.
4. What would you (*vy*) like to drink?
5. Oh, these flowers are beautiful! You never forget! Thanks.
6. It has changed here somewhat.
7. We finally finished it the day before yesterday.
8. Where did you get everything?
9. It was not easy, but I think it turned out well for him.
10. I admit, we didn't expect that it would turn out so well.
11. You have to know how to get things and have a feeling for how to present them.
12. As it turned out, Pavel and Michal know how to do this really well.
13. Welcome to our home. Sit down.
14. We missed you.
15. Cheers!
16. If I hadn't had the support of Barbora and Lucie, it would never have worked out so well.
17. How to you like that?
18. That's good.

(11.41) Otázky k textu. On a separate sheet of paper, answer the following questions about the above excerpt from the play.
1. Jak se jmenuje ta hra? Jak se jmenují hlavní postavy?
2. Co je „vernisáž" a kde je to obvykle?
3. Co dává Bedřich Věře? Jak Věra na to reaguje? (to react)
4. Je v bytě Michala a Věry mnoho nebo málo věcí? Jaké jsou ty věci? Jsou moderní? Starší? Jsou praktické nebo jenom k ozdobení (decoration)?
5. Je v bytě jediný styl, nebo je ten styl spíš eklektický?
6. Čeho si všimne Bedřich v bytě? (všimnout si - to notice)?
7. Bylo to snadno sehnat všechny ty věci? (sehnat - to get, acquire)
8. Jak reaguje Bedřich na to, co říkají Věra a Michal?
9. Vidí se Michal, Bedřich a Věra často?
10. Stýskalo se Věře a Michalovi po Bedřichovi? (stýskat se komu po kom - to miss someone; dative case for the person who "experiences" missing someone)
11. Co si myslíte, stýskalo se Bedřichovi po Věře a Michalovi?
12. Popište Věru, Michala a Bedřicha. (popsat - to describe)

Dvanáctá lekce, první část
Chapter 12, Part 1

(12.1) Vlastní životopis. Odpovídejte na otázky celou větou.
Autobiography. Answer the questions in full sentences.

1. Kdy jste se narodil/a? _____

2. Kde jste se narodil/a? _____

3. Chodil/a jste do školky? (nursery school) _____

4. Kolik vám bylo let, když jste začal/a chodit do školy? _____
_____

5. Pamatujete si ještě první den ve škole? Jak se vám tam líbilo? ___
_____

6. Učil/a jste se hrát na nějaký hudební nástroj nebo dělal/a jste nějaký sport?_____
_____

7. Měl/a jste nějaký koníček? (hobby) Sbíral/a jste poštovní známky (stamps) nebo jiné věci?
Stavěl/a jste modely letadel nebo vlaků? _____
_____

8. Co jste dělal/a o prázdninách? Jezdil/a jste na tábor (camp), na venkov nebo k moři?
_____

9. Jak se vám líbilo na gymnáziu/na střední škole? _____
_____

10. Které předměty (subjects) jste měl/a nejraději? _____
_____

11. Měl/a jste na gymnáziu/na střední škole hodně domácích úkolů? ___
_____

12. V kterém roce jste dokončil/a gymnázium? _____
_____

13. Začal/a jste vysokou školu hned po dokončení gymnázia? _____
_____

14. Ještě studujete na vysoké škole? Co studujete? *nebo* Co jste studoval/a? _____
_____

15. Pracujete? _____

16. Co chcete dělat po dokončení školy? _____

_____

(12.2) Napište o dvou členech vaší rodiny. Write about two members of your family.

A. Kdo jsou?

1. O kom píšete? (o babičce, dědečkovi, otci, matce…) _____

2. Jak se jmenují a kdy se narodili? _____

_____

_____

3. Co dělají? _____

_____

4. Jsou ženatí nebo vdaní? _____

_____

5. Mají děti? _____

_____

B. Srovnejte je. Compare them.

1. Jsou si podobní? _____

2. Zajímají se o podobné věci? _____

3. Jsou stejně staří? Kdo je mladší a kdo je starší? _____

_____

C. Napište krátký životopis jednoho z nich. On a separate sheet of paper write a short biography of one of them.

(12.3) On a separate sheet of paper write a 12-15 sentence description of yourself or a classmate 10 years from now. Use comparative adjectives and adverbs.
Vzor: Za deset let budu asi pracovat jako doktorka. Budu asi mít méně času. Budu bydlet ve větším bytě …

(12.4) Doplňte správná slovesa. Fill in the correct verbs.

A. Předpona *při-*

1. Mám velký hlad. _____ bych si chléb.

2. Ivan se hlásil na šest škol, a všechny ho _____.

3. Milena dnes _____ domů v sedm.

4. Na dovolené ve Francii _____ Petr skoro dvě kila.

B. Předpona *vy-*

1. Česká republika _____ sklo.

2. Teď dávají hodně dobrých filmů. Musíme si jeden z nich _____a jít se na něj podívat.

3. Naše univerzita _____ své noviny každý den.

4. Renáta _____ z kuchyně a šla do obýváku.

C. Předpona *pře-*

3. Tento autobus nejezdí přímo ke škole. Musím _____.

4. Eva pracuje jako překladatelka. _____ knihy z češtiny do angličtiny.

5. Pavlína měla problémy s počítačem a musela _____ celý esej.

6. Karel si _____ a _____ polévku a teď ji nemůže jíst.
          (oversalt)   (overpepper)

D. Předpona *s- / se-*

1. Vojtěch se chtěl _____ s novou studentkou.

2. Antonín Dvořák _____ známou symfonii *Z nového světa* (The New World Symphony).

3. Když byla Jitka malá, _____ poštovní známky (stamps).

(12.5) Fill in the blanks with the following words. Doplňte následující slova: *nastoupí, odejde, přestoupit, přestoupí, přijede, přijde, půjde, vejde, vystoupí.* Use *nastoupí* twice and all others once.

Dnes _____ Hanka brzo do školy. První přednáška jí začíná v půl deváté.

_____ z domu v půl osmé ráno. Do školy jezdí autobusem. _____

na autobus ve tři čtvrtě na osm. Autobus ale nejezdí přímo ke škole. Musí jednou

_____. _____ z jednoho autobusu a _____ na

druhý. Autobus _____ ke škole ve čtvrt na devět. Hanka _____ z

autobusu a _____ školy. Za pět půl deváté bude na přednášce.

(12.6) Rozhovory s přáteli ze školy. Fill in forms of the verbs that are given in each section.

1. dočíst, přednášet, přečíst, vybírat / vybrat, zapisovat se / zapsat se. Some entries have an extra blank for the reflexive particle *se*.

-Nazdar! Už ses _____ na zimní semestr?

-Ještě ne. Musím si ještě _____ pár předmětů.

-Víš, že profesor Doležal bude _____ o dějinách Střední Evropy? (Central Europe)

-Opravdu? Určitě _____ na ten předmět _____.

-Ale budeme muset _____ každý týden dvě knihy.

-Tak už začnu číst teď v létě, abych to do zkoušky všechno _____.

2. dokončit, odkládat / odložit, přijímat / přijmout, vstupovat / vstoupit, vybírat / vybrat

-Už víš, co budeš dělat až _____ školu?

-Hlásila jsem na postgraduální studium.

-Na kterou fakultu?

-Na lékařskou. Hlásila jsem se na více škol, a tak doufám, že mě někam_____.

-To určitě, vždyť máš samé jedničky (all A's). A jestli ne, můžeš školu na jeden rok

_____. Můžeš pracovat nebo cestovat.

-Co budeš dělat ty?

-Mám pár nabídek od různých firem. Ještě nevím co si mám _____.

Exercise (12.6) continues on the next page.

Exercise (12.6), continued

3. dopisovat / dopsat, přepisovat / přepsat, skládat / složit, vydávat / vydat, vystupovat / vystoupit

-Jé, nazdar! Jsi to ty? Jak dlouho jsme se vlastně neviděli?
-Už pět let! Je to vůbec možný? Co děláš? Ještě hraješ v kapele?

-Ano, _____ jednou měsíčně. A co ty? Viděl jsem, že jsi letos _____

novou knihu.

-Ano. Nechce se mi věřit, že jsem ji nakonec _____. Musela jsem všechno

_____ asi třikrát. Ale nakonec jsem tu knížku _____. A ty ještě

_____ hudbu?

-Trochu.

4. sbírat / sebrat, seznamovat se / seznámit se, začínat / začít
-Slyšel jsi, že Marie a Petr spolu _____ chodit?

-Ano? To jsem rád. Dobře si rozumějí. Jak dlouho se už znají?

-_____ už na gymnáziu. Oba _____ staré knihy.

(12.7) Antonyma. Write the opposites of the words in italics.
1. Ludvík *vešel do pokoje*. _____

2. Karel *odešel* v půl osmé. _____

3. Olga *nastoupila na autobus*. _____

4. Pavel *nedosolil* polévku. _____

5. Iva se zeptala kde je *vchod*. _____

(12.8) Zaměstnání. Professions.

banké̌r/ka - banker
inženýr/ka - engineer
novinář/ka - reporter
premiér/ka - prime minister
prodavač/ka - salesclerk
sekretář/ka - secretary
sportovec/sportovkyně - athlete

doktor/ka - doctor
literární kritik - literary critic
podnikatel/ka - entrepreneur
prezident/ka - president
profesor/ka - professor
spisovatel/ka - writer
učitel/ka - teacher

A. Kdo tam pracuje? Say who works in each of the following places.
Vzor: škola
    → Ve škole pracují učitelé.

1. banka _____

2. nemocnice _____

3. kancelář _____

4. obchod _____

5. univerzita _____

B. Co studuje? Čím se chce stát?
Vzor: Karel – anglická literatura
    → Karel studuje anglickou literaturu. Chce se stát profesorem nebo spisovatelem.

1. Jan – lékařství _____

2. Marcela – mezinárodní obchod _____

3. Ivan – politika _____

4. Květa – dějiny _____

5. Věra – žurnalistika _____

6. Jitka – inženýrství _____

7. Jakub – architektura _____

8. Alžběta – právo _____

9. Zorka – francouzština a němčina _____

10. Jonáš – biologie _____

Dvanáctá lekce, druhá část
Chapter 12, Part 2

(12.9) Odpovídejte na otázky celou větou. Answer the questions in complete sentences.

1. Kým byly Čechy osídleny? _____

_____

2. Kým byl slovanský kmen veden? _____

_____

3. Kdy byly založeny Vyšehrad a Praha? _____

_____

4. Kdo byl Libuší povolán na hrad? Proč? (povolat - to summon) _____

_____

5. V kterém roce byla založena Karlova univerzita? _____

_____

6. Kým byla založena Karlova univerzita? _____

_____

7. Kdy byl postaven Karlův most? _____

_____

8. Co sbíral Rudolf II.? _____

(12.10) Napište příčestí minulá trpná. Write past passive participles.

1. udělat _____
2. založit _____
3. otevřít _____
4. napsat _____
5. umýt _____
6. vypít _____
7. obléknout (se) _____
8. vytisknout _____
9. přivést _____
10. zavřít _____

(12.11) Všechno už je uděláno.

A. Návštěva. Eliška's parents are coming for dinner. Write that everything is already done.
Vzor: podlaha, umýt
   → Podlaha už je umyta.

1. domácí úkol, napsat _____

2. byt, uklidit _____

3. brambory, uvařit _____

4. salát, připravit _____

5. dort, upéct _____

B. Po večeři. Now it is after dinner.

1. káva, vypít _____

2. dort, sníst _____

3. nádobí, umýt _____

(12.12) What kind of passive? For each sentence, characterize the type of passive (reflexive
passive for a generalization, past passive participles for a one-time event). Give English
equivalents of the sentences.

1. V divadle se nejí.

 Type of passive: _____

 English: _____

2. Všechno je uděláno.

 Type of passive: _____

 English: _____

3. Nádobí už je umyto.

 Type of passive: _____

 English: _____

4. Ta báseň byla napsána Jaroslavem Seifertem.

 Type of passive: _____

 English: _____

5. Co se tady prodává?

 Type of passive: _____

 English: _____

(12.13) České obchody. Jak se to řekne česky?
1. Many Czech stores are closed on Saturday afternoon and Sunday.

_____

2. Some (některé) stores are also closed for lunch.

_____

3. My friend Marta works in a store.

_____

4. They are open from 8-12 and from 1-6.

_____

5. They are closed from 12-1.

_____

(12.14) Referát. Report.
Podívejte se do encyklopedie a připravte referát. Zkuste si představit život v Praze ve devatenáctém století. Jaké byly domy? Jaké šaty lidé nosili? Jaké věci a jídlo se prodávalo v obchodech a na trzích?
Look at an encyclopedia or history book of Prague and prepare a report. Try to imagine life in Prague in the nineteenth century. A few questions to get you started: What were houses like? What kinds of clothes did people wear? What kinds of things and foods were sold in stores and markets?

Dvanáctá lekce, třetí část. Chapter 12, Part 3.

(12.15) Přečtěte si v učebnici článek o Pražské literatuře a odpovídejte na otázky.

1. Které pražské spisovatele byste chtěl/a číst? _____

   _____

2. Kdy žili (žít - to live) ? _____

   _____

3. Už jste od nich něco četl/a? _____

   _____

(12.16) Životopis Boženy Němcové (1820-1862)

A. Přečtěte si o Boženě Němcové.

Božena Němcová je jedna z nejznámějších českých spisovatelek. Je to jedna ze zakladatelek české prózy.

V roce...

1820   se narodila jako ve Vídni. Když byla ještě malá, přestěhovala se
      se svými rodiči do východních Čech. Matka pracovala na zámku jako
      služka a otec pracoval jako pánský kočí. Božena bydlela u babičky.

1830   začala chodit do školy.

1837   se vdala. Manžel se jmenoval Josef Němec. Němec pracoval jako státní
      úředník. Často byl překládan z místa na místo, tak se Němcovi často
      stěhovali.

1838   se jim narodilo první dítě.

1843   vydala první básně. Byly to lyricko-utopické básně o životě na českém venkově.

1844   vydala první povídky. Jako básně, próza byla o životě na venkově.

1855   napsala svůj nejznámější román, *Babička, obrazy venkovského života*.

1862   zemřela.

Slovníček:

místo - place`	pánský kočí - carriage driver for a duke
služka - maid	státní úředník - civil servant
vrátit se - to return	zakladatel/ka - founder

B. Odpovídejte na otázky.
1. Kdy a kde se narodila Božena Němcová? _____

_____

2. Kdy se přestěhovala do východních Čech? _____

3. Co dělali její rodiče? _____

4. U koho bydlela jako dítě? _____

5. Kdy začala chodit do školy? _____

6. Kdy se vdala? _____

7. Jak se jmenoval její manžel? Co dělal? _____

8. Kdy vydala své první básně? O čem byly? _____

_____

9. Kdy napsala svůj nejznámější román? _____

10. Četl/a jste něco od Boženy Němcové? _____

(12.16) Životopis Václava Havla (1936 -)
A. Přečtěte si o Václavu Havlovi.
    Václav Havel je známý jako český prezident i jako spisovatel.

Note: there is a glossary on the following page.

5.IX.1936	Narodil se v Praze. Otec se jmenoval také Václav. Byl inženýrem. Matka se jmenovala Božena. Havlova rodina byla bohatá. Dědeček, který se také jmenoval Václav, byl architektem. Postavil několik budov v Praze, mezi jiné i Divadlo Lucerna na Václavském náměstí. Otec postavil několik domů na Barrandově. Dnes je to vilová čtvrť, kde jsou velvyslanectví a krásné domy.
1951-1955	Pracoval jako laborant v chemické laboratoři a zároveň navštěvoval večerní gymnázium.
1955	V časopise *Květen* byla vydána jeho první báseň.
1955-1969	Publikoval v různých časopisech kritiky, eseje, hry a básně.
1955-1957	Studoval ekonomii v Praze.
1959	Napsal první hru, *Rodinný večer*.
1960	Začal pracovat v Divadle Na zábradlí. Pracoval jako jevištní technik, potom byl dramatikem. V Divadle Na zábradlí také pracovala Olga Špíchalová, jeho budoucí manželka.
1968	Pražské jaro. Havel bydlel v severočeském městě Liberec. Během sovětské okupace odtud s hercem Janem Tříškou vysílal zpravodajské relace. S postupující normalizací jeho dílo bylo cenzerováno.

The biography of Havel continues on the following page.

Biography of Václav Havel, continued

1969	Havlovy knihy byly zakázány. Havel se stal vůdčí osobností politického odporu. Havel, spolu s Ludvíkem Vaculíkem, Ivanem Klímou a jinými spisovateli, se mezi jiné zabýval i vydáváním a distribucí zakázané literatury.
1975	Havel napsal otevřený dopis Gustavu Husákovi, tehdejšímu československému prezidentovi. Ve svém dopise otevřeně kritizoval bezpráví tehdejšího Československa. Tento dopis byl otištěn v zahraničním tisku. Havel byl několikrát vyslýchán a jeho byt byl prohledán policií. Napsal hry *Audience* a *Vernisáž*.
1976	*Vernisáž* měla premiéru ve Vídni.
1977	Vznikla Charta 77, organizace na ochranu lidských práv. Havel byl jedním z jejích mluvčích. Byl zase vyslýchán a jeho byt byl prohledán policií. Nakonec byl vězněn.
1978-1979	Havel byl často sledován policií.
1979-1983	Byl zase vězněn. Pro zdravotní potíže byl v roce 1983 z vězení propuštěn.
1989	Stal se československým prezidentem.

Slovníček:

během - during	různý - various
bezpráví - wrongdoing	sledovat - to follow
dramatik - playwright	zpravodájská relace - radio newscast
laborant - lab technician	tehdejší - of that time
lidská práva - human rights	tisk - press
mluvčí - spokesperson	vězení - jail
odpor - opposition	věznit - to imprison
odtud - from there	vůdčí - leading
ochrana - protection	vysílat - to send, broadcast
osobnost - personage	vyslýchat - to interrogate
postupující - ongoing	vzniknout - to appear
potíž - problem	zabývat se - to engage in
prohledat - to search	zahraniční - foreign
propustit - to release	zakázat - to forbid

B. Odpovídejte na otázky.

1. Kdy se narodil Václav Havel? _____

2. Kdo byli jeho rodiče? _____

3. Kdo byl jeho dědeček _____

4. Kdy a kde debutoval? (literary début) _____

5. Co studoval? _____

The questions continue on the following page.

6. Kdy napsal první hru? Jak se jmenuje ta hra? _____

_____

7. Kde začal pracovat v roce 1960? _____

8. Co se stalo roku 1968? _____

9. Co se stalo roku 1969? _____

10. Co napsal Havel v roce 1975? _____

11. Kdy byl ve vězení? _____

12. Proč byl z vězení propuštěn? _____

13. Čím se Havel stal roku 1989? _____

14. Co jste četl/a od Václava Havla? _____

15. Co ještě víte o Václavu Havlovi? _____

_____